新时期领导谋略与智慧丛书

ZHUOYUE LINGDAOSHU

YOUXIU LINGDAOZHE DE GONGZUO YISHU

卓越领导术

优秀领导者的工作艺术

主编⊙舒天戈 孙乃龙

本册主编⊙侯书生 谢开宇

四川大学出版社

责任编辑:楼 晓
责任校对:陈 璐
封面设计:刘建波
责任印制:王 炜

图书在版编目(CIP)数据

卓越领导术:优秀领导者的工作艺术 / 舒天戈,孙乃龙主编. —成都:四川大学出版社,2015.7
(新时期领导谋略与智慧)
ISBN 978-7-5614-8739-6

Ⅰ.①卓… Ⅱ.①舒… ②孙… Ⅲ.①领导艺术 Ⅳ.①C933.2

中国版本图书馆 CIP 数据核字(2015)第 159723 号

书名	卓越领导术——优秀领导者的工作艺术
主 编	舒天戈 孙乃龙
出 版	四川大学出版社
地 址	成都市一环路南一段24号(610065)
发 行	四川大学出版社
书 号	ISBN 978-7-5614-8739-6
印 刷	三河市天润建兴印务有限公司
成品尺寸	170 mm×240 mm
印 张	14.5
字 数	244千字
版 次	2016年1月第1版
印 次	2016年1月第1次印刷
定 价	38.00元

◆读者邮购本书,请与本社发行科联系。
电话:(028)85408408/(028)85401670/
(028)85408023 邮政编码:610065
◆本社图书如有印装质量问题,请
寄回出版社调换。
◆网址:http://www.scup.cn

版权所有◆侵权必究

前　言

　　本书是笔者从美国哈佛大学访学归来所著的《领导智慧书》的姐妹篇。拙著《领导智慧书》出乎笔者预料地受到各界的好评，成为畅销之书。在有关领导、专家的督促下，特别是在众多读者来信的鼓励下，笔者续写了这本《卓越领导术》，以感谢大家的厚爱和帮助。

　　在拙著《领导智慧书》的前言中，笔者曾写下这样一段发自肺腑的情感之话：

　　回国已经三年多了，但我却很难忘却那一段在美国哈佛大学做访问学者的日子。

　　一年多的时间，在人生的长河中只是一个短暂的时期，然而，对于我来说，在哈佛大学访学的一年多时间，却是一段十分重要的人生历程。

　　作为一名在国内长期做管理学研究和企业管理顾问工作的管理学学者，我是带着一系列问题去哈佛大学的。众所周知，哈佛作为美国乃至世界级的顶尖大学，学者云集，人才辈出，能够到那里去学习，是一件很荣幸的事情。就我本人而言，去哈佛更是探寻管理学"真经"，为我的管理学研究难题寻找答案的极好机会。

　　"先有哈佛，后有美国。"创立于1636年的哈佛大学,其历史比美国作为国家的历史还要长。正因为如此,哈佛大学被称为美国高等教育的鼻祖。她独领风骚300多年,被誉为高等学府王冠上的宝石,是各国莘莘学子神往的圣殿,是世界级企业总裁的摇篮。

哈佛大学是美丽的,她位于美国的马萨诸塞州,是一所没有围墙的大学,主体校园在坎布里奇市,而世界著名的哈佛商学院则位于一河相隔的马萨诸塞州的首府波士顿市。哈佛大学校园里风景如画,400多座建筑掩映在绿树与鲜花丛中,占地3000英亩的哈佛森林和占地265英亩的植物园更是使其他大学难以望其项背。

哈佛以创新精神打造名校。第27任校长劳伦斯·萨莫斯指出:"今天的哈佛是强大的,而保持哈佛的强大,需要精心地维护和强化致使我们长盛不衰的法宝:保持开放与质疑、探索与服务、传统与创新的有机统一。"哈佛成功地实施了"创新与自信"的素质教育,并为之构建了动力极强的学习研究环境。的确,置身于哈佛大学,每个人都能感受到学子求学、学者探新的教与学相辅而行的氛围。

哈佛有着世界一流的教授和各个学科领域的世界顶级专家。哈佛的教授以美国籍学者居多,但约有25%～30%的一流教授来自世界各国。同时还有相当多的各个研究领域的著名人士在哈佛做访问学者。

每个学期都有来自世界各地的众多著名人士来哈佛举办讲座,包括各国的总统、总理、内阁部长等政府要人。相关专业的著名学者、大企业家、艺术名流来哈佛举办讲座更是数不胜数。

置身于这样的学术环境中,作为一个中国的管理学访问学者,我把这次访学视作一次终身难得的学习与研究美国和世界各国先进的管理思想、管理文化的极好机会,也视作我人生的一段重要的历程。

"领导"问题是我在哈佛访学期间学习、研究与探讨的重要问题。作为管理学研究者,我通过与一批有创见、有造诣的教授与学者交流与探讨,逐渐形成了这样的认识:企业(或组织)的发展,核心不在于管理,而在于领导。企业的高级经营者(董事长、CEO、总裁或部门经理）的职责不应是管理，而应该是领导：作为领导者，要富有智慧，要善于创新，要具有高超的领导艺术。

我抱定了这样的信念：一定要把哈佛的领导科学引进到国内来，把专家的见解和我的切身体会剖示给世人，以求让西方前沿的领导科学与东方当代的经营管理实践相结合，让科学的理论与方法服务于中国的企业和各类组织的领导实践。

回国后，我仍然在研究部门做研究工作。为了实践我的理论，有一年时间，我曾应聘担任了一家高科技企业的副总裁。工作了一段时间后，在一种起初兴奋的全新体验中，我开始感到惶恐与不安，感到困惑与失落，因而更强烈地感受到理论与实践的鸿沟以及东方与西方管理方法的巨大差异。诚然，国内企业的群体的影响力、苦干的精神、敬业的精神以及对环境的超级适应能力，是国外很多企业所无法相比的，具有天然优势。但就领导智慧和领导艺术而言，国内企业与西方企业相比，却要落后很多。

领导究竟意味着什么？如何才能本质性地诠释和准确地把握领导艺术的核心内容？经过一年多的思考与验证，我更进一步地认识到：领导者对组织的领导，不应是身入其中而应是居高临下；不该是身先士卒而应是驾驭指挥；不能是责任大于能力，而只能是素质高于热情。由此驱使我下决心把在哈佛学到的思想、理论和观点进行系统的总结，于是编著了《领导智慧书》以及这部《卓越领导术》。

组织的成长与事业的成功，归根结底取决于领导者的素质与能力。尤其是在今天，超速发展的时代，要求领导者不断地在超越别人的同时，也要超越自己。因此，包括企业在内的现代组织，努力培养一批超级领导者，已成为保证组织发展与事业成功的唯一的理智选择。将西方已被实践验证了的前沿领导科学与中国企业的实际领导工作有机地结合，是广大领导者和企业家的当务之急。

依据这一目的，本书较为完整地介绍了大量人们尚不熟悉的西方国家的领导科学与领导艺术理念，并以东西方理论相互借鉴、中外思想相互参照的方式，阐述了当代美国及欧洲的前沿领导科学与领导艺术的最新内容。

本书内容不求面面俱到，但求精辟独到，让西方的前沿理论为我所用，为中国的广大领导干部服务。

编　者

2014年7月于北京

目 录
CONTENTS

第一章 领导魅力

一、非凡领导需要非凡魅力 / 2

1. 魅力：走向成功的"入场券" / 2
2. 魅力是领导能力的综合体现 / 3
3. 发挥领导特质，开启魅力之源 / 5

二、以思想的魅力"征服"大众 / 7

1. 思想是最大的资本 / 8
2. 知识 + 思想 = 力量 / 9
3. 魅力来自发掘思想潜力 / 10

三、以自己的热忱感染下属 / 12

1. 热忱是领导者的力量源泉 / 13
2. 要始终拥有一颗热忱的心 / 15
3. 把领导者的激情带给员工 / 16
4. 善于给下属"加热" / 17

四、以形象魅力影响下属 / 19

1. 领导者要成为美的化身 / 19
2. 穿出领导者的个性魅力 / 21
3. 以微笑强化领导者的魅力 / 23

第二章 领导用权

一、用好权力这把剑 / 26

1. 权力管理是领导艺术的重要内容 / 26
2. 影响权力运用的因素 / 28
3. 领导者权力大，责任更大 / 29

二、大权独揽，小权分散 / 30

1. 分清大权与小权 / 31
2. 小权分散，轻松自在 / 32
3. 小权力应该交给谁 / 34
4. 合理授权，分身有术 / 37

三、不妨学会用权之术 / 40

1. 用权之术的四大绝招 / 40
2. 让部下懂得领导威严 / 42
3. 不要让领导命令"打折扣" / 43

4. 不会斥责的领导不是好领导 / 45

第三章 柔性领导

一、柔性领导：创新的领导模式 / 50

1. 柔性领导：一种创新的领导模式 / 50
2. 柔性领导是领导艺术的最高境界 / 51
3. 不要过于仰仗手中的刚性权力 / 53
4. 以感召力成功地领导下属 / 55

二、以德服人的力量 / 56

1. 运用道德的柔情力量 / 56
2. 做一个道德感强的领导者 / 58
3. 努力使自己值得下属信赖 / 61

三、以真情感召下属 / 62

1. 以己之爱换下属之心 / 62
2. 勇于为下属承担责任 / 64
3. 在关键时刻拉下属一把 / 65
4. 以包容赢得下属的人心 / 67

四、掌握以柔制刚的艺术 / 68

1. 凭借亲和力赢得下属信赖 / 68

2. 精通权变，变领导为引导 / 70

3. 善于以柔克刚，化解冲突 / 73

第四章 知人善任

一、用一流的人才，成就一流的事业 / 78

1. 择一流的下属，当一流的领导 / 78

2. 充分发挥有成就欲者的才能 / 79

3. 善任你的下属，用人用其长 / 80

二、赛马于疆场：择人的科学之途 / 81

1. 在竞争中挑选"千里马" / 82

2. 择人新法：相马不如赛马 / 83

3. 要给予人才争强抢先的机会 / 85

三、因事用人，以能职匹配为中心 / 86

1. 因事用人：避免人才浪费 / 87

2. 因事设人的领导智慧 / 91

3. 一职一官，一官一职 / 92

4. 能职匹配，才尽其用 / 94

四、与下属建立互信的人际关系 / 97

1. 以信任诱发下属的工作热情 / 98

2. 坚守"充分信赖下属"的原则 / 99

3. 争取赢得下属对自己的信赖 / 101

五、用人失察，领导者难逃其责 / 103

1. 辨伪留真，不用似是而非之人 / 103

2. 学会与下属共同承担责任 / 105

第五章　教化下属

一、教化下属是领导者的职责 / 108

1. 种豆得豆，有耕耘必有收获 / 108

2. 栽培下属，水涨船高 / 109

3. 怎样做个教练式领导者 / 111

二、从教化下属思想开始 / 113

1. 影响下属的人生价值观 / 113

2. 积极创建学习型组织 / 117

3. 刺激下属的学习欲望 / 119

三、领导者教化下属的技巧 / 121

1. 因材施教，朽木也可雕 / 122

2. 授之以渔，多方培训员工 / 123

3. 有效培训员工的秘诀 / 124

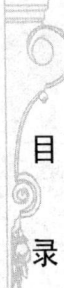

第六章 激励心法

一、公平激励，报酬与员工贡献成正比 / 128

1. 给员工合理公平的报酬 / 128
2. 多劳多得，均衡报酬 / 130
3. 赞扬员工也要掌握公平原则 / 131
4. 论功行赏，调动下属积极性 / 132

二、适时激励，有成绩就有"胡萝卜" / 133

1. 及时奖励，效果加倍 / 133
2. 赞美员工一定要及时 / 135
3. 要适当肯定别人的成就 / 136

三、有的放矢，根据需要进行激励 / 137

1. 了解员工需求，进行有效激励 / 137
2. 以满足需求来激发下属的热情 / 139
3. 关注高成就者的精神需求 / 140

四、逆向激励，激发下属的潜能 / 142

1. 惩罚与激励并用，效果加倍 / 142
2. 化消极为积极，惩罚也能出效果 / 144
3. 追寻奖励与惩罚的最佳结合点 / 146
4. 发挥逆向激励的最大作用 / 148

5. 过犹不及，必须善用惩罚 / 150

第七章 领导协调术

一、协调是领导工作的基本方法 / 154

1. 协调是领导者经常性的工作 / 154
2. 协调贯穿领导活动的全过程 / 155
3. 做好领导协调工作的基本原则 / 156

二、找到解决问题的金钥匙 / 157

1. 领导协调的基本方法 / 158
2. 赢得组织成员的信任和支持 / 160
3. 善于倾听与整合不同的意见 / 162
4. 人际关系协调的重点环节 / 163
5. 协调上下级关系是一项重要工作 / 165
6. 协调与上级关系的要领 / 166
7. 协调与下属关系的十个要领 / 170
8. 控制好组织内的"小山头" / 171

第八章　领导平衡术

一、平衡是一门精彩的领导艺术 / 176

1. 做精通平衡艺术的领导者 / 176
2. 做一名使巨轮平稳航行的船长 / 178
3. 平衡对领导者的素质要求 / 179

二、把握好天平的两端 / 181

1. 失衡是领导者工作中的一种失误 / 182
2. 找到实现平衡的基点 / 183
3. 追求平衡的最佳态势 / 185

三、在运动中把握平衡 / 187

1. 平衡人事：使组织运转呈最佳状态 / 187
2. 平衡权责：缔造均衡的权力世界 / 189
3. 平衡利益：让动力之源永不枯竭 / 191
4. 平衡人际关系：营造良好的人际氛围 / 192

第九章　冲突化解术

一、了解冲突，做到知己知彼 / 196

1. 领导者以解决冲突为己任 / 196

2. 冲突也绝非完全是坏事 / 197

　　3. 冲突产生的多重原因 / 199

二、化解冲突，建设和谐的组织 / 200

　　1. 把冲突消灭在萌芽状态 / 200

　　2. 妥善处理组织内部的争端 / 201

　　3. 抑制领导层内部冲突的方法 / 203

　　4. 正确化解与副手的矛盾 / 204

　　5. 运用沉默方式缓解矛盾 / 206

　　6. 冷冻冲突，慢慢地处理 / 207

　　7. 处理反对意见的 8 种方式 / 209

三、在组织内激发有益的冲突 / 211

　　1. 以良性冲突推动良性竞争 / 211

　　2. 激活组织内的良性因子 / 212

　　3. 创造一个良性的竞争氛围 / 214

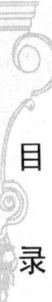

第一章
领导魅力

如果说威信是领导能力的招牌，那么，魅力就是领导手中的一根魔杖，依靠它，领导者能指挥下属于无形之中，而不必担心命令会被下属打折扣。

领导魅力首先来源于领导思想，超凡的思想是领导者最大的资本。而要拥有思想的魅力，领导者就必须善于学习，善于思考，善于总结，善于创新。

领导魅力也来自于领导的热忱，当然，要想使下属怀有热忱，善于激励、鼓舞下属也是展现领导魅力的重要一环。拥有一颗热忱的心，以自己的热情去激发下属工作的热忱，才可以使上下同欲，最终达到组织目标。

领导者要牢牢记住，魅力只可拥有，而不能借用。修炼内功是领导者拥有魅力的要诀。

一、非凡领导需要非凡魅力

领导魅力是无形的,它主要表现为对周围环境及下属的影响力。这种外现的影响效果,主要来源于领导自身的各项"内功",诸如渊博的学识、完美的仪表、出色的口才、超越众人的眼光,对各种可能发生的变化的敏锐嗅觉,能使组织化险为夷的高明谋略,等等。这些成了领导魅力的主要内容。

一个非凡的领导,必然拥有非同一般的魅力,只有这样,他才能感召下属,获得巨大合力,从而获得非凡的成就。

1. 魅力:走向成功的"入场券"

在领导者的个性当中,有一种任何摄影师都无法捕捉,任何画家都无法再现,任何雕刻家都无法刻画的东西。这是一种人人都能感觉得到,却无人能够表达,能够付诸笔端,能够加以形容的微妙的东西。这就是领导魅力——与一个领导者一生的成功都息息相关的个人魅力。正是这种具有强大凝聚力的内在品质,点燃了人们的激情,使领导者取得了走向成功的"入场券"。

所谓魅力,即是一个人处世艺术的综合体现。有时候,人们还把这种品性叫作个人磁力。哈佛大学人类学家查尔斯·林德霍姆曾经这样写道:"魅力无论在哪种情况下,都涉及了'一种难以名状的强有力的感情纽带'。"他声称,如果把魅力看作是个人内在固有的东西,那它只能在与他人交往的过程中才显露出来。"魅力首先是一种关系,"林德霍姆这样说,"在这种关系中,领导者和追随者的内在自我,紧紧地相互交织在一起了。"

领导者若想获得良好的甚至杰出的领导效果,就必须拥有超越一般领导者的魅力。

的确,对于领导人来说,没有比魅力特征更能引人注目的了。正如伊丽莎白·多尔所说："对自己所做的事情充满了激情。它是一种发自内心的使命感，赋予你能量、动力和热情。这些品质极富有感染力，并且对于领导一个组织前进来说是基本的。"

在现实生活中，人们总会在不知不觉中受到具有这种神奇能力的领导人的感染和影响。有魅力的领导人往往把下属身上最优秀的品质一下子激发出来，使他们认识一个更卓越、更优秀的自己，尝试去体验从未体验过的生活，去做从未做成的事业。

另一方面，人们也会常常碰到另外一种领导人，他们的出现让人活力顿失。他们低落、沮丧、忧郁的感染力冻僵了下属体内所有的灵感与冲动。只要他们在场，下属永远都不可能超常发挥自己的能力。他们的阴影笼罩着下属，使下属躁动不安，困惑茫然。

比较这两种类型的领导人的个人品性，不难发现，他们最大的区别在于前者热爱自己的同类而后者却排斥他们。这种被称为"魅力"的东西是看不见、摸不着的，但却无比神奇，它的威力比任何具体的个人能力都要强大。

> 和培养其他的技能一样，领导者增强魅力也需要持之以恒和反复练习。同时，领导者还必须具有热情，而且要做到目标明确。

2. 魅力是领导能力的综合体现

领导魅力是领导艺术的最高境界。古希腊的神话中，人的能力大多来自于神的馈赠，如著名的普罗米修斯曾经把使用火的技巧馈送给人们，所以使用火的技巧显得富有魅力。因此，在古希腊人看来，魅力作为一种能力，不是来自人自身，而是来自神的恩赐。换言之，"魅力"一词自其诞生之日起就富有神秘色彩。**从本质上认识，魅力是一种特殊的能力，它通过你与他人在身体上、情感上以及理智上的相互接触，从而对他人产生积极的影响**。一个领导者一旦拥有了这种魅力，必然会有众多下属追随，这便是具有一定领导能力的外在表现。

◇ 领导魅力有助于凝聚人心

一般来讲，领导魅力的最大好处是它能使领导与下属之间拥有更亲近、更真诚的关系，从而使领导者获得一定的影响力。如果你具有个人魅力，他人便会急切地想进入你的生意圈、社交圈和工作圈。一个主要原因是许多人发现，与他们认为富有个人魅力的人交往受益很多。魅力是另一个人对你的性格的解释。领导者富有魅力并不意味着与之交往的人一定会被其强烈地吸引。在增强领导魅力方面，领导者应注重在工作时或在社交场合时的吸引力。

领导魅力能在人际关系方面为领导者带来许多优势。许多人都愿意为富有魅力的领导工作，因为这类领导者能给他们以力量并激发他们的积极性和工作潜能。对这些人来说，同一位富有魅力的领导亲密合作是一件令人兴奋的事。下属受某个具有魅力的领导吸引，会产生一种积极的情感反应。这种情感反应与面对一幅美丽的画、一张漂亮的照片、一首壮丽的诗歌或者一部豪华的汽车所产生的反应是相似的。

◇ 领导魅力有助于感召下属

领导魅力最引人注目的优点是它能提高影响下属的能力。当人们认为领导者个人很有魅力时，他们更有可能采取领导者所建议的行动步骤。所以，领导魅力实际上是非权力领导力的升华，领导魅力作用在各方面都增强了非权力领导力，如个人感召力的发挥就需要通过以身作则、说服、分享和帮助等方式进行。一个简单而有效的影响别人的方法是以身作则来领导或者影响下属。作为领导，可以通过自身的行动来传播价值观和传达各种期望。尤其是那些显示忠诚，做出自我牺牲以及承担额外工作的行为要率先垂范，以身作则。

◇ 领导魅力有助于增强领导效果

富有魅力的领导者常常帮助别人，在帮助别人的同时他们也会受益，因为他们拥有了帮助别人的乐趣。一个典型的例子是自救精神领袖迪珀拉克·乔普拉。迪珀拉克·乔普拉有数以百万计的忠诚信徒，以其与读者和听众之间形成的情感纽带著称。他信奉"给予定律"——给予别人的越多，得到的也越多。

富有魅力可以帮助领导者实施作为领导者应该做的主要工作：说服、鼓舞、影响、激励下属并且使他们接受领导者的观点。这就是领导魅力对领导能力所起的积极作用。

3. 发挥领导特质，开启魅力之源

每个人有不同的个性，不同的个性有不同的魅力。魅力存在于每个人的身上。不少领导者之所以缺乏魅力，是因为他们的个性被长期抑制。

弗雷德·威朋是纽约大都会棒球队的总裁。一天下午，威朋先生带领着一群学童去参观席亚棒球场。他带他们站到本垒后面，又带他们参观队员休息区，接着大家穿过贵宾通道进入俱乐部，最后，他又把他们带到投手练习区。

可是，有一位穿制服的守卫在练习区门口拦住了他们。

守卫显然不认得威朋，他说："这一区不对公众开放，对不起，你们不能进去。"

威朋先生大可当场耍耍他的威风，责怪那个可怜的守卫有眼不识泰山。当然，他也可以立即亮出自己的高层识别证，让那些小毛头们见识他的分量。

但威朋却没有这样做。他只是带着孩子们绕到棒球场的另一头，从另一边的门进去了。

他为什么要那么麻烦呢？只因为他不想令那位警卫难堪，守卫是在尽他的职责。就在当天下午稍晚一点，威朋甚至亲笔写了张便条，感谢那位守卫的尽忠职守。

如果威朋当时就大吼大叫，斥责守卫，一定会令这位守卫怀恨在心，最后势必影响他的工作表现。威朋的做法是合理的，因为守卫得到了赞赏，以后会工作得更卖力。而且下次任何时候再遇到威朋，他一定会认得他。

弗雷德·威朋是一位真正的领导人，他擅长与人进行良性的互动，这亦是他的个人魅力所在。

人们过去对领导的意义从未真正深思过。人们往往认为："领导者就是领导者，他主宰一切。就是这样，没有好商量的。"

今天，这种单纯的领导再也不管用了。因为世界变化太快，变得越来越不可捉摸，绝非是这种死板的方式足以应付的。现在需要的领导方式远比过去要深刻得多。而那就是领导魅力。领导魅力是帮助他人完成能力所及的事，描绘出未来的远景，鼓励、教导他人，并能建立与维持成功的人际关系。

"你再也不能发号施令，你必须运用魅力，而魅力靠的是真正的人际关系能力。"

许多人对于"领导魅力"的认知仍相当狭隘。当提到"领导人"时，人们想到的不是将军、总统、首相，就是董事长。当然，高居这些重要职位的人毋庸置疑为"领导人"，他们在领导魅力的发挥上也各有千秋。但事实上，领导魅力既非始于高位，更非终于高位。在我们常人的生活与工作中，领导魅力也同样重要。

组织一个工作小组、让公司的后勤同仁工作得更带劲或使公司氛围保持一种类似家中快乐的气氛，这些无疑都是发挥领导魅力的战场。而领导从来不是简单的事——虽然它也并非难事——但所幸每个人也都有成为日常领导人的潜能。

任何跟他人有接触的人都有很好的理由学习如何领导。小组召集人、中层主管、会计主任、顾客服务人员、收发室人员等，都有可能成为领导。

更有意思的是，一个领导者的成就感与快乐的来源，绝大部分在于他成功地运用了领导魅力。除了工作事业之外，家庭、慈善工作、运动团队、民间组织、社交团体等几乎你所能想到的任何团体组织，对于有活力、有魅力的领导方式无不需求殷切。

领导理论学家沃伦·本尼斯与勃特·那鲁斯研究了几百家成功的大小机构，研究重点放在领导方式上。两位专家写道："一位领导人，首先一定要为组织的未来勾画出一幅理想的远景。这种远景，我们称之为'观想'，它可以如同梦想般模糊，也可以如同目标或使命宣言那般具体。"两位又解释道："关键在于，观想使人如同眼见组织未来迷人的景象，那个景象一定在某些重点上比目前状况胜过很多。"

对于领导者来说，用不着找个最成功的领导人设法去模仿他。因为不管你多么努力，也不过是个二流的翻版。**真正对你最有效的领导方式，一定是发挥你个人的魅力所形成的领导风格。**

佛列得·艾比是一位作曲家，他曾为百老汇名片《酒店》《蜘蛛女之吻》《芝加哥》《希腊左巴》等作曲。艾比总是给人们讲欧文·柏林与乔治·盖希文的故事——

柏林第一次见到盖希文时，已是著名作曲家，而盖希文仅是才刚出道的年轻穷作曲家，周薪才35美元。柏林对盖希文的才华印象深刻，于是愿意出价三位的薪水聘请盖希文担任他的音乐秘书。

不过，柏林也同时规劝盖希文道："我劝你不要接受这份工作。因为如果你接下这份工作，你可能会成为二流的欧文·柏林。可是如果你坚持做你自己，终有一天，你会成为一流的盖希文。"

盖希文坚持自己的乐风，于是美国流行音乐界又多了一颗新巨星。

艾比告诉他的后人："不要模仿他人，坚持做你自己。"

当然，要发挥个人的魅力，首先你必须先搞清楚你自己究竟是什么样的人。你应该直截了当地问你自己："我到底拥有哪些可以转化为领导魅力的个人魅力？"

对于曾任美国航母公司董事长的罗伯特·克兰戴尔而言，他的领导魅力中有一项是敏锐应变的能力，这项能力带领美国航空公司安稳地度过了民航界的变动年代。

> 不论一位领导者拥有的特质是什么——可能是钢铁般的意志、丰富的想象力、积极的态度或强烈的价值观——都可以孕育为领导魅力。而且要记住，**坐而言不如起而行。**

二、以思想的魅力"征服"大众

有正确的思想，才有正确的行为；有创新的意识，才有创新的活动，所以说，作为领导者，做得对先要想得对，做得到必须先想得到。领导者的所思所想绝不应只是一般意义上的思维过程，一个领导者若与一个下属的思想没有什么区别，那么领导者何以服众？所以说，一个领导者，必须要有自己的思想，才能指挥下属去该去的方向。

1. 思想是最大的资本

21世纪，知识资本的广泛应用和信息技术的快速发展，渗透到经济发展和社会生活的各个领域，使人类社会全面进入信息与智能起决定作用的知识经济时代，它会改变人们的价值取向，带来新世纪的领导革命。

人类的生存与发展，头脑是最大的资本。

> 思想是每个领导者的最大财富，也是组织的最宝贵资产。未来社会的财富与资源，毫无疑问，会掌握在那些创造价值的有头脑的人手中。

在以智力为支撑的知识经济时代，财富和权力再分配完全取决于人们所拥有的信息、知识和智力。智力既是领导的特殊财富，又是组织生存与发展所依赖的一种必需资本。智力资源的多寡，智力资源开发和利用程度的高低，决定着组织在面向未来的竞争中居于何种地位。正是由于智力资源对经济发展、对组织发展的特殊重要性，当今世界各国对智力资源的开发越来越重视。从领导角度看，有作为、有头脑的领导更加强调对知识和人才的管理，更加重视组织内外相关人才的智囊作用。今天，领导范畴已扩大到知识领导和人本领导。这样做的目的只有一个，那就是最大限度地发挥出组织中每个成员的智力能力，以智力提升、智力开发、智力应用作为发展组织的基本方针。这其中，领导者的作用尤其重要。

作为现代组织领导者，不仅要具备一般领导的才干与能力，更要有一颗富有思想、知识、信息的智慧头脑。他们不仅要有管理者和战略家的胆识和眼光，还要有思想者和艺术家的创新思维和创新行为。

曾有一个遭到抢劫的富翁，对强盗说过这样一番话："你们可以抢走我的一切，只要留下我的脑袋。用不了多久，你们还是一贫如洗，我还会拥有被你们抢走的一切。为什么呢？因为我有智慧，智慧可以让我拥有一切。"这番话对每一个人而言都是意味深长的。

一个领导者，尤其是新上任的领导者，与下属之间的关系是非常微妙的。假如新任领导者一上任就以其独特的思想魅力"镇"住了下属，那么在以后的领导过程中，下属必定心服口服，唯领导者马首是瞻。反之，如果下属看不出领导者在思想上有什么高明的地方，便会不再服从领导者，导致领导者的领导过程困难重重。

在知识经济时代的市场竞争中，组织靠什么去竞争？靠什么去夺取和掌握主动权和优势？首先要靠领导者的思想。在知识经济时代，"两军相逢，智者胜"。"智"就是谋略，就是思想。今天，**思路决定出路，思想决定发展**。一个领导者拥有新思路才能使组织有新出路；有新思想，才能使组织有新发展。当组织完成由低级到高级、由传统到现代的转变之后，领导者首先应当做的就是：以思想制胜，以思想夺取发展空间，求得发展。因此，**领导者的头脑是今天的组织生存与发展最重要的资本**。

2. 知识＋思想＝力量

人们习惯上认为，"知识就是力量"。如果从知识的价值、知识的贡献方面认识，培根这句名言无疑千真万确。但对事物的认识，如果从知识经济、知识社会的角度出发，却完全可以说，知识在没有头脑、没有思想的人手中，只是知识而已。现实中，经常会看到一些有知识、有文化的领导者却把组织拖到"悬崖"的边缘。为什么？除去其他因素以外，就因为他没有思想。因为知识只有经过人们创造性地学习和运用之后，才能体现其价值，才能彰显无坚不摧的力量。因此，知识经济时代，领导者必须不断地学习，不断地思考，不断地行动，才有资格说：我们是21世纪的主人。

21世纪是一个创新知识、创造思想的新世纪。知识是人们思想、思考、思维的基础，是人们创新的非常重要的智力因素。**领导者应当是永远的学习者和思想者**。

今天，各种新知识不断涌现，各种新思想层出不穷。作为领导者，需要学习、思索的东西很多，但重要的是怎么学、怎么想。领导者必须学会学习，学会思考，学会创新，进而才能学会生存，学会发展。

任何创造离不开知识，任何知识也离不开创造。领导过程同样离不开创新的知识、创新的思想。只有从实际与需要出发，创造性地学习，创造性地思考，创造性地应用，才能真正取得和掌握领导者所需要的知识，才能在领导实践中发挥应有的功效。

在目前的市场竞争中，仅靠过去的资本，仅靠传统知识、传统经验来领导组织，已经远远不够了。因此说，仅有经验是不够的，因为经验已经被时代不断淘汰；仅有实践也是不够的，因为理论才能指导实践。

> 每一个领导者都应当不断地从当今时代获得知识来丰富思考，不断地从思考中发现规律，认识事物的本质，从而指导好组织的正确发展。这也是领导者学习与思考的真正目的。

3. 魅力来自发掘思想潜力

思想对领导者是极其重要的。人们往往以受到各种局限的眼光看待世界，但有魅力的领导能够看到潜在力量，并把它们释放出来成为变革的源泉。当他们开始意识到自己目光短浅，就会走上学习之路。思想是一种能力，它能使人认识新的可能性和新的思路，看到潜在力量，看到人们的潜能要比传统的体制和管理更强大。如果不能用新眼光看待和理解问题，就不会进行自身和组织的根本变革。

思路开阔、善于提问是领导者最重要的素质。有魅力的领导者应积极发掘思想潜力，其方法包括：

◇ **思想独立**

思想是由内部产生的，它使人们回想起将组织结构作为现实接受下来之前的情况。根据哈佛大学心理学家埃伦·兰格的定义，思想是以创建新的标签和类别来解释世界的。有思想的人会对各种假设提出疑问，并通过独立思考解释各种数据和事件。而有的人觉得要自己处处留意太吃力，或者不相信按自己的看法能对各种数据做出解释，因此不愿自己动脑筋思考。

领导者有思想指的是愿意讲出自己的观点，听取别人的意见，但最终由自己拿主意而不是按他人意见决定下一步的行动。

一般领导者在决定行动时总是要看看上司及其下属是否能接受，在走每一步之前，都要了解别人会怎么想。他们的格言是："叫我干啥就干啥。"有思想的领导者按自己的想法决定行动，他们相信自己潜在的创造力及独立思考的能力。

思考是件艰苦的工作，它意味着对事物的表面现象不断提出疑问，向各种假设以及被人们普遍接受的思想、组织体系挑战。伯纳德·巴斯研究了能吸引人们效忠的领袖后发现，追随者都钦佩敢于对各种假设提出疑问并以其渊博的知识激励他们的领袖。

詹姆斯·格莱克以其有关混沌的理论而闻名，他写了一本关于诺贝尔奖获得者物理学家查德·范曼的书。范曼保持着儿童般的好奇心，这是他成为天才的关键。他总是怀疑，总是从头开始。他反对任何妨碍他独立思考、寻找独立答案的权威。确定性、权威性在力学范围内很有作用，但怀疑、提问是了解不稳定世界中各种关系的基础。当事物不断变化时，思想上的懒惰及接受他人的答案、规则是很危险的。思想独立的诀窍就是要时刻留心，不要轻易接受现有的答案，并不断提出疑问。

> 要争取成为有思想的领导者，就需要了解自己。领导者能否了解自己取决于其能否发现自身的潜能。每个人都有独立思考的内心世界，但人们常常不愿走进这个世界，或害怕行动受其支配。

◇ 接受各种新思想

有魅力的领导者必须思想开放，以接受各种陌生的新世界观的挑战。这些观念与人们的旧有信念是格格不入的，因此往往不易于被人们接受。

在接纳新的信息和各种观点时，领导者应发挥出自己的思想潜能。对领导者影响最大的想法，往往是他们不赞同、不喜欢的东西。领导者只有

心胸开阔，能够接受与已知事物显著不同的新事物，才能改变、发展和完善，成为有思想的领导者。

◇ 激励整体和部分的思想

思想开放的平衡而不是死板的教条将引发创造性的思维和干劲。

另一种微妙的关系存在于整体与部分之间。要实现团体的理想，有时候需要个体的牺牲。有思想的领导者为取得更大的利益宁可让某些个人和部门做出牺牲；而另有些时候情况正相反，为满足整体的需要，部分利益被放在了首位。有思想的领导者必须以组织目标为衡量标准，计算需增加的预算、人员和经营效率。有魅力的领导者是通过同时激励整体和部分的理想而取得成功的。

◇ 发现并领会潜在力量及相互关系

一切事物都互相依赖，有思想的领导者不会让自己独踞一方或孤立行动。思想可引导人们理解各种关系，而不是事物本身；注重整体，而不拘泥于枝节。正如玛格丽特·惠特利在《领导与新科学》中所指出的那样，有思想的领导者观察的是跨越时代的运动模式，并把重点放在完成他们组织的工作所需要的关系网和干劲的发挥上。有思想的领导者带给公司的知识财产不是在金融或市场销售方面的技术知识，而是一种眼光。这种眼光能使人在他人看上去一片空白的地方看到潜能和工作干劲。

三、以自己的热忱感染下属

领导者个人的情绪如何，不能只看作是个人的事情。如果星期一刚上班的时候，情绪高涨的员工迎面碰上的却是领导冰冷的一张脸，那么这一周恐怕员工的心里都不会舒服。反之，即使是因为某件事某个员工情绪十分低落，但如果他看见一个激情满怀的上司，也会把自己的不快抛之脑后，转而努力工作。

一个优秀的领导者应该能够激发员工的满腔激情，只有这样的领导者才能让员工保证高效工作。

1. 热忱是领导者的力量源泉

美国《读者文摘》曾讲述过这样一个动人的故事。

1965年，一位韩国学生到剑桥大学主修心理学。在喝下午茶的时候，他常到学校的咖啡厅或茶座听一些成功人士聊天。这些成功人士包括诺贝尔奖获得者、某一领域的学术权威和一些创造了经济神话的人，这些人幽默风趣，举重若轻，把自己的成功都看得非常自然和顺理成章。时间长了，他发现，在国内他被一些成功人士欺骗了。那些人为了让正在创业的人知难而退，普遍把自己的创业艰辛夸大了，也就是说，他们在用自己的成功经历吓唬那些还没有取得成功的人。

作为心理学系的学生，他认为很有必要对韩国成功人士的心态加以研究。1970年，他把毕业论文《成功并不像你想象的那么难》，提交给现代经济心理学的创始人威尔·布雷登教授。布雷登教授读后大为惊喜，他认为这是一个新发现，这种现象虽然在东方甚至在世界各地普遍存在，但此前还没有一个人大胆地提出来并加以研究。

惊喜之余，他写信给他的剑桥校友——当时正坐在韩国政坛第一把交椅上的朴正熙。他在信中说，我不敢说这部著作对你有多大的帮助，但我敢肯定它比你的任何一个政令都能产生震动。

《成功并不像你想象的那么难》果然伴随着韩国的经济起飞了。这本书鼓舞了许多人，因为它从一个新的角度告诉人们，成功与"劳其筋骨，饿其体肤""三更灯火五更鸡""头悬梁，锥刺股"没有必然的联系。后来，这位青年也获得了成功，他成了韩国泛亚汽车公司的总裁。

这个故事告诉人们，成功的确不像想象的那么难。只要对某一事业充满热忱，长久地坚持下去就会成功，因为每个人一生的时间和智慧足够圆满做完一件事情。

一个充满热忱的企业领导者，无论从事什么工作，不管处于顺境还是逆境，他都会认为自己的工作是一项神圣的天职，并怀着深切的兴趣努力工作。对自己的工作充满热忱的领导者，不论工作有多少困难，始终会用不急不躁的态度去进行。只要抱着这种态度，任何领导人都一定会成功，一定会达到预定的目标。爱默生说过："有史以来，没有任何一件伟大的事业不是因为热忱而成功的。"事实上，这不只是一段单纯的话语，而是迈向成功之路的指标。

充满热忱是一种意识状态，能够鼓舞及激励一个领导者对手中的工作采取行动。不仅如此，它还具有感染性——不只对其他热心人士产生重大影响，所有和充满热忱的领导者有过接触的人也将受到影响。

> 热忱和人类的关系，就好像是内燃机和火车头的关系，它是人类行动的主要推动力。比较完美的领导者就是那些知道怎样鼓舞他的追随者发挥热忱产生激情的人。

海尔集团首席执行官张瑞敏在谈到海尔集团的企业管理经验时说过这样一段话："这么多年，海尔一直得到发展，应该说是企业文化的成功。海尔培养人才，不是靠'相马'而是靠'赛马'，海尔就是职工的赛场，而赛场是最容易使人产生激情的地方。中国2000多年的封建体制使人们习惯于把自己的命运交给别人，老是希望有个伯乐来发现自己，否则就天天喊怀才不遇。与此同时，领袖又往往把别人的命运攥在自己手里，作为自己的专利和特权。我们这里不管什么样的人，每个月都可以申报提升。申报科长的人，就列入科长的候选人名单，竞争上了，就可以上任，竞争不上是你自己的问题，由你自己解决；你认为不公平，可以你提出来，还可研究。总之，千里马要在赛场比赛中选择，否则好马也退化了。科长上来了，后面还有人追你，跑慢了就被淘汰。我们现在这个集团很有活力，干部平均年龄只有26岁，充满了朝气。集团给每个人向上发展的空间。每个人在自己的岗位上有了发明或小的改进，都有鼓励，有较大作用的就用他的名字命名这项发明。精神激励常常比物质激励还好。马斯洛的行为科学讲的五层需求论，即对不同的人有不同的要求，应该满足不同人的不同需求和不同的发展，我们尽可能这样做。"

的确，领导者有责任像海尔集团那样建立一种机制，在这种机制里使员工不断地产生"激情"，向组织的最终目标不断前进。

成功的领导者知道，热忱并不是一个空洞的名词，它是一种重要的力量，可以予以利用，使自己获得好处。没有了它，就像一辆很快就没有电的电车随时都可能抛锚。

热忱是股伟大的力量，可以利用它来补充你的精力，并形成一种坚强的个性。发展热忱的过程十分简单，最重要的是要从事自己最喜欢的工作。如果因情况特殊，目前无法从事自己最喜欢的工作，那么，也可以选择另一项十分有效的办法，那就是，把将来从事的最喜欢的这项工作，当作自己明确的目标。

请记住：**热忱是成功和成就的源泉**。一个领导者的意志力、追求成功的热忱愈强，成功的概率就愈大。

2. 要始终拥有一颗热忱的心

20世纪初，生于德国、后迁居美国的塞缪尔·厄尔曼写的一篇不足500字的短文《青春》，倾倒了世间为数众多的精英，使他们产生了崇敬乃至膜拜的心情。为什么这篇短文会产生出如此强烈的轰动效应呢？不妨先录下全文，以窥探其中潜藏的魔力：

青春不是生命的一段时光，不是指红润的脸颊、红扑扑的嘴唇和柔软的双膝；它是一种精神状态，是指不懈的干劲、丰富的想象力和滚烫的情怀。它是生命之源勃勃生机的涌泉。

青春意味着战胜懦弱的那股大丈夫气概和摒弃安逸的那种冒险精神。往往一个60岁的老者比一个20岁的青年更多一点这种劲头。人老不仅仅是岁月流逝所致，更主要的是懒惰、不思进取的结果。

光阴可以在颜面上留下印记，而热情之火的熄灭则在心灵上刻下皱纹。遗憾、恐惧、缺乏自信，会扭曲人的灵魂，并将青春化为灰烬。

无论60岁还是20岁，你需要保持永不衰竭的好奇心，永不熄灭的孩提般求知的渴望和追求事业成功的欢乐与热情。在你我的心底，都有一座无线电台：它能在多长时间里接收到人间万物传递来的美好、希望、欢乐、鼓舞和力量的信息，你就会年轻多长时间。

当天线倒塌时，你的精神就被玩世不恭和悲观厌世的洋雪所覆盖，你就会衰老下去，即使你才20岁；而你的天线巍然矗立着的时候，凭着高昂的乐观主义，你就有希望在80岁死去时仍然韶华不逝。

据传，美国的道格拉斯·麦克阿瑟将军生前视《青春》一文为座右铭，不但时常引用，还精心装裱后摆在自己的办公室里。在日本，《青春》一文更是走红，一位日本管理学家曾指出：任何一个对日本经济活动怀有兴趣的人，都需要了解和运用这篇短文。日本企业界的巨子们几乎普遍地认为，《青春》的力量无价。寻求出类拔萃的、品格卓越的进步，不能不依靠青春的活力，以及由它派生的新鲜认识和实践精神。为此，几年以前，日本的数百名商界与政界名流汇聚一堂，专题探讨、交流从《青春》一文中所获得的"真知"和"心得"。他们普遍认为，正是这篇短文中所启迪的不衰不竭的青春心态和年轻的心力，成为日本劳动生产率飞速发展的动因，同时，也演化成为众多的社会精英人生哲学的基石。难怪许多日本人将此文珍藏于随身携带的钱夹之中，以便随时重复阅读和悉心领悟。

确实，**领导者的成功因素很多，而居于这些因素之首的就是热忱**。没有它，不论你有什么能力都发挥不出来。热忱是出自内心的兴奋，散布充满到整个人。

一个领导者充满了热忱，下属就可以从他的眼神里，从他感动人心而受人喜爱的为人中看出来，从他的步伐中看出来，还可以从他全身的活力中看出来。**热忱可以改变一个人对他人、对工作以及对整个世界的态度。**

> 的确，充满热忱是成功的领导者共有的美德和魅力基因，但是热忱又不可只是表面功夫，必须发自一个人的内心，假装的热忱也是不可能持续多久的。

3. 把领导者的激情带给员工

领导者的激情能激励整个组织。若一个组织中的领导者失去了激情，整个组织中的员工也肯定会灰心丧气。如果组织失去了激情，肯定是由于领导者失去了激情；要使组织重现激情，必须先从领导层着手。

如果在检查了领导者的行为、表现和外在形象后发现领导者不善于激发别人的热情，或领导者本身就是一个意志消沉的人，那就要找一个好帮手，他可以是组织中的某个人，也可以是组织外的人，只要他能鼓舞领导者的情绪，助领导者一臂之力，帮领导者恢复元气就可以。当然，也可以找一部鼓舞人心的电影，其中鼓舞人心的情节也会帮助领导者。

另外，领导者也可以成立一个小组。小组的成员都应当是充满激情的人，让他们共同完成某项任务，为他们制定任务目标和指导方针，限定完成期限。在同他们会面前，要把需要告诉他们的事情想清楚，以便能从容地向他们讲述。告诉他们，他们已经是优秀团队的一员，强调完成这一任务的重要性，并要求他们向领导者报告他们的工作计划和行动步骤。在这个小组中，领导者要找到一个杰出的鼓动者，他富有激情和活力，他能让小组激情四射。

为了小组成员能同舟共济，充满激情，领导者要重视与成员情感的交流，这也许是最好的诱发激情的方法。

> 领导者要找到最好的交流方式，点燃每个人心中的热情，要选择一个时刻来庆祝组织的成功。在那一刻到来前，要做到届时能让每个人都受到鼓舞。

4. 善于给下属"加热"

要想把设想变成现实，领导者就必须使组织内部具有充沛的精神和智慧上的能力，而这种能力是在实现远景规划的过程中被鼓动起来的。

一个可以调动组织成员潜能的领导者才可以激发员工的事业激情，才可以振奋人心，才可以使每个员工为参与到伟大的事业中而感到自豪，而只有这样的团队才有生命的活力。

领导者要形成坦诚相待的风气，用热情来影响下属，加深相互的友谊和团结。热情是发自内心的一种情绪，经常会被一些人表现在态度上和行动上。对事物保持热情的人，做事的品质总会比别人好，行动力也比别人强。

比如，一个人第一次遇到邻居时就主动热情地打招呼问候："嗨，你好！"刚开始他的邻居可能会感到莫名其妙，很不习惯。第二次他又同样微笑打招呼："嗨，你好！"他的邻居也会热情地说："嗨，你好！"第三次时，他的邻居会主动跟他打招呼："嗨，你好！"

只要有足够的热情，周围的人就会对这样的领导者印象深刻。作战需要士气，士气盛则作战胜。工作中也一样，领导者的作用就是把大家集合到一块儿，通过激励，提高员工的士气与积极性，从而让员工与自己一道去实现既定目标。领导者与下属的关系，应当围绕"激励"这个中心，实现员工与领导者的和谐一致。

国际知名的化妆品公司创始人玫琳·凯在谈到领导方法时说"善用激励艺术"是她用人之道的成功所在。因而公司的理念被高度概括为：激励使人成功。

在玫琳·凯化妆品公司中，"人"是最重要的——公司全体员工以"人对公司的向心力"而自豪。玫琳·凯说，她财务报表中的词代表"人们"和"热爱"，而不是"收益"和"损失"。关心别人的信念，其实并没有与追求利润的目标相冲突。当然，要关心公司的利益和损失，但玫琳·凯不把它放在最首要的位置。

用玫琳·凯的话说就是：如果你以诚待人，激励下属，他们的工作效率会更高，那么利益就接踵而来。同样，如果你对职员滥用职权，他们的工作能力和积极性就发挥不出来。这种副作用直接带到工作中，蒙受损失的是你的公司。

人是事业的根本。玫琳·凯化妆品公司的总部设在达拉斯，一进总部大门赫然入目的是比真人还要大的该公司全国销售主任的照片，如此结构设计充分体现了玫琳·凯视人才为公司最宝贵资产的思想。

一般公司的领导者常常炫耀的是自己最雄厚的资金、先进的生产线、新建的高层建筑和最先进的设备。而玫琳·凯则认为她最宝贵的财富是公司里的人才，并为拥有这样一支有知识、有能力、有胆量，善于领会领导意图、长于经营管理、敢于接受挑战的人才队伍骄傲。"任何一家大型企业之所以能够发展、兴盛，完全靠的是公司里的首屈一指的人才。"这是玫琳·凯从自己几十年的创业生涯中得出的结论。

玫琳·凯深谙励志用人之道，她的领导哲学和用人艺术融东西方优点于一炉，既有美国现代化管理，又有东方的感情管理。

正是玫琳·凯个人的热情，使员工们从感情上信赖公司，从而在行动上加倍服务于公司。上下协同一致，以一种奇妙的力量推动玫琳·凯化妆品公司向前发展。

四、以形象魅力影响下属

出色的形象可以带来出众的魅力。所以一个有魅力的领导者本身就具有一个吸引人的良好形象。一个有魅力的领导形象代表的不仅仅是个人，而是整个组织的形象。人们往往从领导的形象去推测组织的现状。衣冠干净利索，整体形象俱佳的领导一般会被认为是一个高效率组织的领导；而一个放荡不羁，形象不雅的领导一般很难让人将其与高效的组织联系起来。

1. 领导者要成为美的化身

现代领导者是美的生活的感受者、引导者、组织者和创造者。作为领导者，自己首先应该是美的化身。

领导形象包括体貌形象和精神形象。其中最直观的就是体貌形象。

外表形象通常能反映人的内在身体状况和心理状况，这种自然的生理条件和身体素质，对于领导塑造自身完美的形象起着重要的辅助作用。人们传统的社会心理认识一般认为，相貌端正表示正派、可靠；气色明美不仅令人愉悦，而且还反映了内在的身心健康；声音洪亮，柔和纯净，表明富有自信心、充满活力；体态稳重、优雅、端正，代表正直、成熟、稳健、可靠和高素质；身材高大更显有魅力，小巧端庄则给人以精干机敏的感觉。相对而言，体重胖大显得笨拙迟钝，让人感到缺乏精力；体态臃肿、行动气喘吁吁经常被认为是"刮油水""腐败"的象征；面容憔悴、

"骨瘦如柴"者会使人担心其疾病缠身,不堪重任,更不足以托付大事……这些体貌因素虽然是辅助性的,但在现实的领导实践中,这些因素却往往发挥着很大作用,它不仅与直接塑造领导形象密切相关,还可能影响领导效果。所以说,体貌具备了很多具有某种社会价值的功能。因而,对这种最基本的领导素质,现代领导应加以重视。

美的风度有利于提高组织领导者的威望。领导者的威望来源于他崇高的理想、高尚的情操、博大的胸怀、坚强的意志和卓越的领导才能,而这些内在素质如果通过某些外在形式反映出来,便成为领导者特有的风度,使之有相对独立的意义。

已故的国家荣誉主席宋庆龄,是世界人民公认的伟大女性。因为她不仅拥有崇高的品质、高尚的人格,还具有美好的仪表形象。

美国作家艾斯蒂·希思曾经这样描写宋庆龄:"她雍容高贵,却又那么朴实无华,堪称稳重端庄。在欧洲的王子和公主中,尤其是年龄较长者的身上,偶尔也能看到同样的品质。但是,对这些人来说,这显然是终生培训训练的结果,而孙夫人的雍容华贵与众不同,这主要是一种内在的品质。它发自内心,而不是装出来的。她的胆略见识之高,人所罕见,从而使她能够在紧急关头镇定自若。端庄、忠诚和胆识使她具有一种根本的力量,这种力量有时候消除人们由于她的外表而产生的那种柔弱羞怯的印象,使她具有最坚毅的英雄主义的形象。"

领导者的形象除了展示个人的气质风度,对所从事的事业也有很大的帮助。

领导者的形象具有双重性,一方面是他本人形象的体现;另一方面又是他所领导的组织的象征。领导者形象不同,他所领导的组织给人留下的形象自然也不同。

> 领导者在与社会公众打交道,参加各种社交活动时展现出来的端庄整洁、彬彬有礼的形象,会使人们感受到其所在组织的整体形象,而这种整体形象又有助于该组织事业的发展。

2003年,一位吉林农民企业家向香港某公司发运一批上好的豆饼粉,收到的回电竟是"质量有问题"。可是双方一会晤，不仅"问题"云消雾散，两位领导还交上了朋友。其中情由说来很有意思：原来该公司的总经理听说这批货是由农民家庭工厂生产的，脑海中臆想的农民形象使他疑团满腹。当见到的农民竟是一位西装革履、彬彬有礼、颇有企业家风度的现代人物时，他疑团顿消。

从这个实例中可以看出，领导者的穿着言行是多么重要。一个人无论从事什么工作，在仪容方面都要符合基本的要求：第一是整洁，第二是得体。

人的服饰的种类、式样、花色千差万别，人的穿着因场合不同、季节变化、个人爱好而显示出多样性。服饰协调、搭配文雅往往会给人留下很深的美好的印象；如果着装不当，容易令人反感，自然也就会影响组织的整体形象。

被誉为"经营管理之神"的松下电器公司总裁松下幸之助先生，早年时不修边幅，头发乱糟糟的，衣服脏乎乎的，并且有许多皱褶，皮鞋也不亮，像一个邋遢的老头。有一次他去理发馆理发，当理发师得知他就是大名鼎鼎的松下公司总裁时，先是惊讶得不知该说什么，过了一会儿就严肃地对松下先生说："您作为一个有名气的公司的老板，这样不注意自己的外表，别人怎么说呢？从这一点可以看到贵公司的形象，有损于公司名气。"松下先生听了，顿时悟出理发师话中的真谛。从此，他的衣服总是整整齐齐，皮鞋亮锃锃，头发梳得油光光的。外人与他打交道时，看到他整洁的装束，都不由得肃然起敬。

2. 穿出领导者的个性魅力

美国畅销书《迈向成功的衣着》是一本讨论衣着对人成功的影响的书。作者约翰·莫洛伊的研究显示，领导者的穿着符合职业身份，与领导者的个人形象乃至成功有着极大的关系。

领导者在考虑自己该如何穿着之前首先应该明白：自己是哪类领导者？所领导的是哪类人？**在不同的场合为了发挥最大的成功效果，领导者应该有不同的衣着。**假若领导者在战场上穿着整齐的西装，在别人眼中就不会有任何领导气质。

同时，衣着的方式要能使人建立起一个特别的形象。

很多有名的领导人，特别是"二战"时期军队中的著名将领们就通过设计自己的制服，以凸显他们想表现的个性风格与他们想建立的个人形象。

英国的蒙哥马利元帅以他的"贝雷帽"著名。他在这种扁软羊毛质料的小帽上，缀上他麾下主要单位的队徽，还随时穿着一件套头衬衫。他建立了一个随意、舒适的形象。哪怕是在战斗最激烈之际，官兵只要见到一位戴着缀着队徽的软帽，穿着一件套头衬衫的人，立刻知道是他们的司令来了。

美国将军巴顿也深知仪表的重要性。他的特殊穿着是戴着一顶闪亮的头盔，臀部两边各挂一把手枪，甚至在脖领上还系着领带。他的官兵也是老远就认得出他来。

美国第34任总统艾森豪威尔穿过一件自己设计的短夹克，后来，美国陆军中开始流行这种夹克，而且名字就叫"艾克夹克"。

美国名将麦克阿瑟也建立了一个特殊形象。在第一次世界大战中，他还只是一位年轻的上校，他的制服就与众不同。他不带钢盔，也不佩手枪。他的理由是："钢盔伤害我的头，降低领导效率。我之所以不带佩枪，乃是因为我的任务不是战斗，而是指挥别人战斗。"在第二次世界大战中，麦克阿瑟不打领带的制服、金边帽子、大烟斗和太阳眼镜，也都成为他的象征。

很多其他的军事将领也讲求所穿军服与众不同。有的虽然穿着制式军服，但是经过特别剪裁，质料也比制式的要好。有些指挥官喜欢执一根装饰过的棍子，可以视为美国式的元帅指挥棍。接替麦克阿瑟朝鲜战联合国部队指挥权的李奇威将军，在他冬季的大衣上佩带手榴弹。越战中美国空军指挥官罗宾·奥尔兹准将留着一脸络腮胡，而他的飞行员喜欢他这一点。

西点军校军事建筑系系主任特纳尔上校，即使是在教室上课时也穿着一套迷彩野战服。特纳尔以前担任过美国陆军突击队学校校长。他是位猛虎型的领导者，团体无论做任何事他都会亲自参与。学生们都将他看成"能在水面上走"的奇人。

美国四星上将盖瑞也喜欢穿迷彩伪装服——甚至到国防部就职后还穿。据说，他是唯一穿野战服的参谋首长，他的野战服似乎在告诉士兵："我是一名战士，我的任务就是作战。"

领导者当然不必穿野战服，但领导者若想表现出领导气质，就得花费点时间来塑造形象，根据自己想成为哪种领导者而决定穿着。

两百年前，约琴夫·朱伯特说："一位士兵的服装整齐乃是种自重的表现。他显示出更能控制自己，而使敌人更为疑惧，因为良好的外表本身就是一种力量。"

> 作为领导者，无论出入什么场合，都可能成为人们关注的中心或焦点。他的衣饰外貌和言行举止都可能成为人们议论和品评的话题。所以，领导者的形象魅力在领导魅力中起着门面的作用，是很容易被人们感觉到的。

领导者具有良好的形象魅力，可以增强其感召力、向心力和凝聚力。反之，领导者形象不佳，就可能失去对下属员工和群众的吸引力，进而可能在一定程度上降低领导魅力和领导效果的发挥。

俗话说，人靠衣服马靠鞍。人的衣着得体、修饰恰到好处，自然就会给个人形象增添几分色彩。大多数人都会有一两种着装特别适合自己，而且倾向于不到特殊场合便绝不如此穿着。可是，好的形象是需要天天塑造的，领导应该有意常穿着自己满意且适合自己的服饰。也许领导者对什么样的形象最适合自己还不甚明确，那就应该找最能欣赏你的、具有独特审美眼光的朋友或同事请教，或者咨询服装专家。按照他们的建议去做，常常会获得意外的良好效果。

3. 以微笑强化领导者的魅力

有魅力的领导者总是让人们感到愉悦。身为领导者，无论怎样认真尽责，全力付出，如果满脸倦态，鲜有笑容，甚至邋遢不整，走起路来垂头丧气，都会失去下属对他的尊敬。

> 微笑的奥秘在于：领导者必须倾注全力，演出一个最具"成功形象"的优秀领导者角色——把活泼、愉悦的微笑脸孔展现给大家，把积极、自信的精神状态散发出来。

当一个领导者能以微笑和欢乐的心情来从事其"领导职务"时，无形中就会营造出良好的组织气氛，激发出下属员工积极的组织力量。

反之，领导者如果终日愁眉苦脸、唉声叹气，抱怨领导难为，或是工作负荷过重，就会使整个单位陷入"低气压"中，久而久之，甚至会被员工所鄙视。

微笑让领导者表现出魅力，如此，领导者便能树立起一个成功的形象典范。

第二章
领导用权

权力是一把既显示领导权威又考验领导能力的双刃剑。

权力是伴随领导行为而产生的,是展现领导权威的工具。人们往往对处在权力顶峰的领导者仰羡不已,这就是权力产生的巨大效应。

领导者是权力的拥有者,是权力的化身。凡是领导者,不论职位高低,都拥有相应的权力。权力是领导行为的基础。没有权力,领导者就不能对组织或被领导者的行为施加影响,进行控制和指挥,领导活动就无法进行。

领导功能发挥得如何,从一定意义上讲,就取决于权力运用艺术水平的高低。现代领导者必须成为用权高手,能否用好权力直接决定了领导者的领导能力。

一、用好权力这把剑

凡是领导者手中都有其职责范围内相应的权力。在运用权力的过程中,有的人大显神通,有的人政绩平平,有的人专权越权,还有人则滥权弃权。权力在实际的领导活动中,可以发挥不同的作用,引起不同的结果。

权力是领导者手中的一把利剑,可以随时消除组织中的病变,也可以号令下属踊跃争先,为成功奋斗。

只有用好权力这把剑,领导者才会得到应有的尊重,才能提升自己的权威。

1. 权力管理是领导艺术的重要内容

权力管理是领导艺术的重要内容之一,对权力进行有效的管理,才能使其发挥更大的作用。

◇ **权力管理的必要性**

领导者对权力进行管理,是指领导者运用科学方法和手段,对权力的运行进行监督、控制的一种活动,或者说是领导者对行使职权所进行的权力管理活动。它是领导者运用职权对自己和下属所从事的各种活动及其后果所实行的监督、检查、考核、评价等,因而有着按固定程序行使职权不能达到的效果和作用。

对权力进行管理是领导者行使职权的一项重要内容。这是因为:

一方面,领导者行使职权并不仅仅是行使法定权、强制权、影响权、专长权等权力的固定活动,还包括运用职权监督、考察下属行使职权的权力活动,即管理下属的权力活动效应的过程。

另一方面,领导者对权力进行管理的过程,也是领导者结合政治活动、经济活动、文化活动行使职权的一门综合艺术,是此前各种权力活动的后继过程。

> 离了权力管理，领导者的权力行使就会虎头蛇尾，难于善始善终。因此，领导者对权力进行管理是领导者行使职权的一项不可或缺的重要内容。

◇ **权力管理的基本特点**

领导者对权力进行管理的基本特点是与领导者对权力进行管理的内在规定紧密一致的，并在领导活动中体现出来。其基本表现主要在如下三方面：

● 领导者的权力职能是多方面的，如运筹决策、组织指挥、协调控制等。每种权力职能的作用既有共性，又有个性。同样，领导者对权力的管理除了具有其他领导权力职能的共同属性外，也有其不同的特殊性，这就是制约保证性。它一方面制约着下属组织、被领导者的执行行为，另一方面又保证着上级组织、领导者的领导行为。其中，制约是保证的前提，保证是制约的目的。因此可以说，领导功能的实施正是通过对权力管理得以展现的。

● 在领导者行使职权的过程中，领导者对权力的管理具有不同的特点，这就是领导权力的管理者，也包括被领导者，即领导权力管理的主体具有相对性与绝对性的统一。任何领导者都必须尊重这一权力，既运用职权管理被领导者，又要自觉接受被领导者的监督。

● 任何组织都是一个大系统，这就决定了领导者对权力的管理的系统性，以保证从整体到局部都不偏离组织的系统目标。这种上对下、下对上以及横向之间的管理制约，就构成了领导者权力管理系统的互动性。可以肯定地说，领导者权力管理有效性，在很大程度上取决于权力管理组织上的系统性——互动性。

2. 影响权力运用的因素

◇ 领导者的身份和实际社会地位

凡领导者都有一定的实际职务，但有些领导者还兼有其他的身份，如教授、工程师、学术团体和民间组织负责人等。这种多重身份的领导者，往往比单一身份的领导者影响力大，在许多时候会对权力运用产生积极效果。在某种学科上造诣深，或者有突出贡献的领导者，往往具有权威性，其社会地位高于一般领导者，对权力运用的效果就会更好。

◇ 组织系统和领导机关的结构优化程度

组织系统是指一定层次领导者的上级和下属。如果上下属渠道畅通，领导都十分得力，无疑会有利于该层次领导者权力运用效果的发挥；反之，就会成为不利因素。

聪明的领导者总是十分注意选配下属和不断优化办事机关。如果没有一个精干的高效率的办事机关，不论怎样高明的领导者，权力运用的效果都不可能得到充分发挥。

◇ 领导者的人际关系

领导者的人际关系好，一呼百应，能充分发挥权力的作用，进而使实际权力增大；人际关系不好，权力运用就会遇到阻力、挑战或被抵消。人际关系好，领导者在运用权力时，即使有时欠妥，也往往会被谅解，会被从积极方面去理解，仍然取得好的效果；人际关系不好，即使权力运用得当也难以发挥应有的作用，稍有不妥就很可能成为遭到攻击的把柄。

◇ 信息和目标

领导者运用权力要依据一定的信息。信息正确与否，关系到权力运用的效果高低和目标确定的正确与否。目标错了，也就谈不上取得好的权力运用效果。

◇ 授权、分工和权限

上级对领导者的授权，本级领导集团成员间的分工和权限划分是否正确，对权力运用效果的影响是非常关键的。授权不明，权限不清，领导者就没有主动性，会出现扯皮现象，要么互相争取，要么推诿不管，无法开展工作，会影响权力运用效果。

另外，如社会心理、领导方式、领导者素质、传统习惯、社会思潮、理想信念等，都会对领导权力运用的效果产生一定的影响。

3. 领导者权力大，责任更大

领导者拥有令下属仰羡的权力，同时，也承担着比一般员工更重的责任。**领导责任最突出的表现就是领导者的表率作用。**因为每一个下属两只眼睛都在盯着领导的一言一行，领导怎么做，他们也怎么做。因此，**领导者要行使好权力，首先须做好表率。**

表率即率而先之。通俗地讲，表率就是工作业绩突出，影响力较大。作为领导，当然要起到表率作用，用魅力感召下属，形成上下同心的工作局面。并通过种种示范给下属以信心、勇气和力量，吸引他们勇往直前。

> 有什么样的领导者，自然会有什么样的下属，所以领导者在责怪下属处事不当之前，应该想想自己是否有同样的缺点。自身都没做好，又如何能去责怪下属？

领导者应当意识到，不少下属的辞职，原因往往是不喜欢领导的处事作风。

由此可见，如果下属认为与领导者不属同一类人，多数会自动请辞，所谓"物以类聚，人以群分"便是这个意思了。因此，一般可从下属的表现得悉其领导的管理能力。

领导者最好常常反省自己有什么坏习惯，及早戒掉。

最容易犯的错误，便是领导时常借故迟到早退。这样会令下属工作散漫，严重影响工作效率。领导不在，部下工作自会放松，或四处找人聊天。久而久之，上司也会听到谣言，所以不要以为身为领导便可以随意离开岗位。

另外，不要随便推卸责任。把自己应负的责任推给下属，这不会令自己的责任减轻，只会令大家怀疑你的管理能力。

当然，做事公平及公私分明的领导者才是部下学习的好榜样。亦只有这样的部下才会为你赢得上级和同事的口碑。

好的下属也会使领导者的权力与威信"水涨船高"，在组织里有更稳固的基础。

领导者要起表率作用，应该做到以下五点：

● 做任何一件工作，都能比一般人想得周密，做得有条理；

● 勇挑重担，不怕困难，喜欢在重担和困难面前锻炼自己的人格和能力；

● 能从全局看问题，从小处着手，一步一个脚印地解决问题；

● 不追求个人享受，任劳任怨，以身作则，同时能以大家的甘苦为自己的甘苦；

● 能以科学的手段指导大家的工作方法，能以人性为本，激励大家的工作热情。

领导者的权力是在上任伊始便自动获得，但是，不要忘了领取权力的同时也领取了责任，并且权力越大，责任越大，领导者要时刻牢记这一点。

二、大权独揽，小权分散

领导者不是圣人，不可能包办一切，即使样样精通也不能事必躬亲，那样只会"把自己累死，把下属闲死"。面对数量众多的工作，要挑自己最拿手的，而其余的则分给下属。

领导者要做权力的主人，而不是奴隶。要知道权力只是达到目的的一种工具，不必死死抱着权力不放。只要把处理大事的主要权力把握住，把那些次要的小权适时分散给下属，让他们帮自己分担一点责任，这样的领导者才是高明的用权者。

1. 分清大权与小权

如何分配好手中的权力，是古往今来任何领导者都无法回避的问题。领导者在分配权力过程中的首要问题，并不在于究竟是多分一点好，还是多留一点好；而是要搞清楚具体应该分什么权力，留什么权力。关于这个问题，毛泽东当年曾经用"大权独揽，小权分散"的原则来加以解决。

哪些是"大权"？哪些是"小权"？对这个问题，不同领导者在实际工作中往往认识不一致，而且掌握起来也不容易。有的人可能把"大权"当成了"小权"，走上放任的道路；有人则可能把"小权"也看成"大权"，走上了专权的道路。

划分"大权"和"小权"是一个相对的过程，主要是相对于领导者所处的位置而言。划定大权和小权的时候，首先要把权力囊括的范围确定下来。组织中的领导者，其大权和小权的划分差距是很大的。

从涉及的范围来考虑，关系全局的权力，当然就是大权；仅仅关系某一个局部的权力，一般不能说是大权。

从权限的角度来考虑，下属不能解决的问题，必须上级来解决，这应该是大权；如果下属自己能够解决，或者下属自己解决更好，一般都不能算是大权。

从权力的性质来考虑，一般一个组织的权力有三个层次：一个层次是决策权；一个层次是运行权；一个层次是执行权。

所谓大权实际上主要是指决策权，还有就是运行中关键问题的把关性权力，具有"不可替代性"。人们常说，领导要把握方向，把握大局。这样的权力是要独揽的，而其他的权力则要分散。分散其实也是独揽的条件。

> 领导者应当明白：什么权都抓，往往什么权都抓不住。决策权应该是一个组织最高领导机构和最高领导人的权力，这是大权。

运行权是这个组织中层机构或中层领导的权力,其中带有垄断性的,可能是大权,但大部分照章办事的正常运行的权力,对最高领导人来说是小权。执行权是基层干部或人员的权力,对中层领导来说,关键性的操作可能是大权,但一般的日常操作则是小权,对最高领导来说,则都是小权。

对一个组织的发展而言,最重要的是决策。 所以领导人一定要抓住大权,用好大权,不要忙于琐碎事务,而忘记自己最重要的决策任务。

集权和分权还有一层重要意义,就是领导者能够正确处理领导团队内各个成员之间的权力分配问题。

在集权与放权上,领导者存在的问题有3种:

● 有本事,但不放手,这样的人虽然集权过多,但总还是可以干一些事情的;

● 自己没有本事,但比较放手,这样的领导虽然放权过多,但由于发挥下属和副手的积极性,也还是能干一些事情的;

● 自己没本事,但对他人还不放手,这样的领导最糟糕了,因为他干不了活,还不让别人干活。

因此,作为领导者需要冷静地思考自己的权力结构配置问题。

什么是领导者的权力?就是别的成员不便行使、不好行使、不能行使的权力。简而言之,**领导要努力做别人不能做的事情,尽量不做别人可以做、能够做、应该做的事情。**

如果领导不努力去做自己应该做的事情,那么团队就会散下来,因为没有人去统筹全局;如果领导尽做别人应该做、可以做的事情,这个团队也会散下来,因为其他成员会觉得无事可做而变得消极。

> "大权独揽,小权分散"也是一个领导者的工作方法和工作作风问题。集权和放权是主要领导者如何发挥副手和下属的积极性的问题。集权而不专权,放权而不放任,才是最好的选择。

2. 小权分散,轻松自在

有些领导者也许喜欢在工作上大包大揽,希望每件事情经过他的努力都能很圆满地完成，得到上司、同事和下属的认可。这种事事求全的愿望虽然是好的，但常常收不到好的效果。

首先，领导者的精力不允许这样去做。因为一个人的能力是有限的，就算是每天拼死拼活去努力，部门内大大小小各个方面也总会有照顾不周的地方。何况，领导者如果总是这样，天天如此，其生理能力迟早会突破极限，身体会被累垮。

其次，巴掌再大遮不住天。整个部分并不是一个人的，领导者的下面还有许许多多不同等级的人员，领导者把所有的事情都做了，那么，他们又去干什么呢？

而且，许多人会对领导者的这种做法滋生意见和不良情绪。他们会感到自己在部门之内形同虚设，毫无意义，而对领导者的专断独裁耿耿于怀，认为领导者是一个权力欲极强的人。

甚至有一些松垮成性的下属，会因为凡事都有领导者过问或代劳，而养成懒惰、工作消极的毛病。**更重要的是，长期的懈怠会使他们疏于思考，遇到稍微困难的问题就无法解决。**部门整体的活力和创造力就会降低，失去生机，极不利于部门的发展。

领导者如果想少做一点儿得不偿失的事情，就应在上任之后，首先花一些力气摸清情况，了解每个下一级工作人员的特点，调动他们的积极性，根据每个人的实际能力安排适合他们的工作，做到人尽其才。

作为领导，并不意味着他什么都得管。应该做到权限与能力相适应，权力与责任密切结合，奖惩要兑现。

> 什么都干的领导者是什么都干不好的。当领导者发现自己忙不过来时，就要考虑自己是否干了些应该由下属干的事情，就要考虑是否应该向下放权。

许多人喜欢命令下属去干事，以显示其领导地位。"你今天要给我把这份文件写好并且打印三份。"这种命令的口吻多少让下属有些不快。

领导者应多提问，少命令。

发问可以使下属觉得他也是公司的一部分，他在为公司的工作而努力，从而提高下属的工作积极性。那么前面的命令可以转换为以下的提问："我们急等这份材料用，你看今天能写完并打印三份吗？"

领导者有时会遇到一些超过自己权限的事情，如果对这类事情的业务不熟悉，应该果断不管，避免"帮倒忙"。

一个人遇到的事有大有小，领导要全力以赴抓大事。大事就是全面性、根本性的问题。对于大事，领导要抓准抓好，一抓到底，绝不半途而废。一般说来，大事只占20%，您以百分之百的精力，处理好20%的事情，当然会轻松自如了！

记住：杀鸡不用宰牛刀，掏耳朵用不着大马勺！

只要是做领导，无论是刚刚上任，还是已经做了很长时间，一定会面对许多事情要处理，但千万不要认为把自己搞得狼狈不堪才是最佳的选择。轻松自如的领导善于把好钢用在刀刃上，功夫用在诗外，达到事半功倍的效果。

3. 小权力应该交给谁

作为领导者，在分权的时候一定要首先搞清楚一个问题：谁是合适的受权者。只有把正确的权力交给正确的人，方能使权力分散产生效应，否则，就会适得其反。

领导者的权力应该交给如下几类人。

（1）忠实执行上司命令的人

一般来说，领导下达的命令无论如何也得全力以赴，忠实执行。这是下属必须严守的第一大原则。

如果下属的意见与上司的意见有出入，当然可以先陈述他的意见。陈述之后，领导仍然不接受，就要服从上司的意见。

有些下属在自己的意见不被采纳时，抱着自暴自弃的态度去做事，这样的人没有资格成为上司的辅佐人。

（2）能做上司代办人的人

下属必须是上司的代办人。纵然上司的见解与自己的见解不同，上司一旦有新决定，下属就要把这个决定当作自己的决定，向部下或是外界人做详尽的解释。

（3）知道自己权限的人

下属必须认清什么事在自己的权限之内，什么事自己无权决定。绝不能混淆这种界限。如果发生某种问题，而且又是自己权限之外的事，就不能拖拖拉拉，应该即刻向上司请示。

> 越过顶头上司与上级领导交涉、协调，等于把上司架空，也破坏了命令系统，应该列为禁忌。非得越级与上级联络、协调的时候，原则上，也要先跟顶头上司打个招呼，获得认可。

（4）向上司报告自己已解决的问题的人

下属自己处理好的问题如果不向上司报告，往往使上司不了解实情，做出错误的判断，或是在会议上出洋相。

当然，不少事情无须一一向上司报告。但是，原则上可称之为"问题""事件"的事情，还是要向上司提出报告。

报告的时机因其重要程度的不同而有所区别。重要的事必须即刻提出报告。至于次要的或属日常性的事务，可以在一天的工作告终之时，提出扼要的报告。

（5）勇于承担责任的人

有些下属在自己负责的工作发生差错或延误的时候，总是举出一火车的理由。这种将责任推卸得一干二净的人实在不能信任。

下属负责的工作，可说是由上司赋予全责，不管原因何在，下属必须为差错负起全责。他顶多只能对上司说一声："是我领导不力，督促不够。"

如果上司问起差错的原因，必须据实说明，千万不能有任何辩解的意味。

有些下属在上司指出缺点的时候，总是把责任推到他人身上，说："那是某某干的好事。"如此归咎于他人，都是不该有的现象。把责任推给部属，并不能免除他的责任。一个值得信任的人必须有"功归部属，失败由我负全责"的胸怀与度量才行。

（6）不是事事请示的人

遇到稍有例外的事、部属稍有差错或者其他极琐碎的事，也都一一搬到上司面前去请示，这样的人也不能成为上司的辅佐人。

下属对领导不该有依赖心。事事请示不但增加了领导的负担，下属本身也很难"成长"。

下属拥有行执工作所需的权限。他必须在不逾越权限的情况下，凭自己的判断把分内的事处理得干净利落。这才是领导期待的好的中层领导。

（7）主动请求上司指示的人

下属不可以坐等上司的命令，而必须自觉做到：

- 请上司向自己发出命令；
- 请上司对自己的工作提出指示。

如此积极求教，才算是聪明能干的下属。

（8）提供情报给上司的人

下属与外界人士接触的过程中，经常会得到各种各样的情报。这些情报，有些是对组织有益或是值得参考的。下属必须把这些情报谨记在心，事后把它提供给领导。

自私之心不可有。向上司做某种说明或报告的时候，有些下属习惯于把它说得有利。如此一来，极易让领导出现判断偏差。尤其是影响到其他部门或是必须由上司做出某种决定的事，下属在说明与报告时必须遵守如下的原则：

- 不可偏于一方；
- 从大局出发，扼要陈述。

（9）上司不在时能负起留守之责的人

有些下属在上司不在的时候总是精神松懈，忘了应尽的责任。例如，下班铃一响就赶着回家；或是办公时间内借故外出，长时间不回。

按理，上司不在，下属就该负起留守的责任。当上司回来，就向他报告他不在时发生的事以及处理的经过。如果有代上司行使职权的事，就应该将它记录下来，事后提出详尽的报告。

(10) 准备随时回答上司提问的人

当上司问及工作的方式、进行状况或是今后的预测，或有关的数字，他必须当场回答。

许多下属被问到这些问题的时候，还得向他人探问才能回答，这样的中层上司，不但无法管理部属与工作，也难以成为领导的辅佐人。下属必须随时掌握职责范围内的全盘工作，在上司提到有关问题的时候，都能立刻回答才行。

(11) 致力于消除上司误解的人

上司并非圣贤，也会犯错误或是产生误解。事关工作方针或是工作方法，上司有时也会判断错误。

上司的误解往往波及部下晋升、加薪等问题。碰到这种情况时，千万不能一句"没办法"就放弃了事，必须竭力化除上司的这种误解。

(12) 向上司提出问题与对策的人

高层领导由于事务繁忙，平时很难直接掌握各种细节问题。能够确实掌握问题的人，一般非中下属领导莫属。因此，他们必须向上司提出所辖部门目前的问题，以及将来必然面临的问题，同时一并提出对策，供上司参考。

4. 合理授权，分身有术

授权，就是领导者将自己的部分权力和责任分给下属，使下属在一定的监督下，有相当的自主权和行为权，从而为下属提供完成使命所需要的客观铺垫。授权者可以指挥和监督被授权者，被授权者应该及时汇报事务进展和职责履行情况。

授权如果合理的话，领导者就宛如有了"分身之术"。现代社会是信息社会，政治、经济、文化、思想各领域面临协调发展的新难题，成功的领导者也越来越重视授权艺术。他们心里明白：不能再像过去，凡事不论巨细一手遮天，而要进行合理的授权。授权是他们完成领导活动，实现现代领导目标的重要环节。

◇ 合理的授权是实现领导目标的需要

不同领导岗位和层次上的领导者必须实现的领导目标也有层次性。较低层次的领导者有较低层次的目标，较高层次的领导者有较高层次的目标，而较高层次的目标又往往是若干较低层次目标的总和，需要以若干较低层次目标的实现为前提。后者指挥的对象是低一级的领导者，是率"将"的；前者指挥的对象是群体成员，是带"兵"的。成功的领导者能最大限度地调动各方面力量，齐心协力地为实现领导目标奋斗。领导者将自己的部分权力授予下属，就是使用"分身之术"，使部分权力的责任由下属承担，亦即把自身领导活动的总目标分解为若干子目标，交由下属分担。这不仅有利于领导者从琐碎的日常事务中解脱出来，也有利于领导者加强宏观控制，增大领导活动的自由度和准确度。领导者处于指挥、监督别人工作的位置，他的主要职责是协调若干人干好一件事或一系列事，统率并控制下属实现各个子目标从而达到总目标，即"科学的指挥和合理的调度"。

> 领导者不能只顾去做具体事务，毕竟他自身的力量有限，应当指导下属与他一同以最有效的方式实现目标。这样，领导者才能"一身变众身""一脑变多脑"，将其智慧和能力放大。

成功的领导者善于把精力集中在抓全局、抓调查研究、抓重大问题的决策上。至于在对下属工作的控制协调方面，成功的领导者经常考虑的问题是：

- 预期的结果是什么？
- 如何以最佳方法获得预期的结果？
- 哪一项任务应当授权哪一个下属去完成？
- 何时需要检查工作进展，全局工作进展如何？
- 如何帮助下属解决工作中遇到的问题？

不愿授权和不会授权的领导者，将给自己积聚越来越多的工作决策事务，使自己在日常琐碎的工作细节中越陷越深，甚至成为碌碌无为的"事务主义"者。由于个人的时间和精力有限,这种领导者最后不得不"分给别人一点"。到此地步,有些事已一拖再拖,另一些事可能根本无暇顾及,许多需要领导者处理的大事被搁在一边。另外,下属的积极性也受到压抑,从而使其对工作失去了兴趣和主动性。所以,领导者贵在学会科学地授权。通过合理授权,领导者能重在管理,而非从事具体事务;重在战略,而非战术;重在统率,而非用兵。**通过"分身之术",有利于领导者议大事、抓大事,居高临下,把握全局。**

◇ 合理的授权能够提高领导效率

领导者合理授权,有助于锻炼和提高下属的才干,提高领导体系的总体水平,从而提高领导效率。领导者的合理授权使下属获得了实践机会和提高的条件。随着下属在实践中学得更多的真知,领导者可根据工作的需要授予他们更多的权力和责任。

应该说,领导者要部下担当一定的职责,就要授予其相应的权力。敢不敢授权,是衡量一个领导者用人艺术高低的重要标志。如果领导者对部下不放权,或放权之后又常常横加干预、指手画脚,必然造成管理混乱。另一方面,部下因未获得必要信任也会失去积极性。而合理的授权则有利于增强部下的积极性和创造性。

北欧航空公司前董事长简·卡尔松大刀阔斧地改革北欧航空系统的陈规陋习,就是依靠合理的授权,给部下充分的信任和活动自由而进行的。开始时,他的目标定为把北欧航空公司变成欧洲最准时的航空公司,但他想不出该怎么下手。卡尔松到处寻找能够负责此事的人,最后他终于找到了一个合适的人选。于是卡尔松去拜访、请教他:"我们怎样才能成为欧洲最准时的航空公司?你能不能替我找到答案?过几个星期来见我,看看我们能不能达到这个目标。"几个星期后,这个人约见卡尔松。卡尔松问他:"怎么样?可不可以做到?"

他回答:"可以,不过大概要花 6 个月,还能花掉 160 万美元。"

卡尔松插嘴说:"太好了,这项工作就授权你来负责实施。"事实上,卡尔松本来估计要花比这多 5 倍的代价。

那人吓了一跳,继续说:"等一下,我带了人来,准备向你汇报,我们可以告诉你到底我们想怎么干。"

大约四个半月后,那人请卡尔松看他几个月来的成绩。当然他已使北欧公司成为欧洲第一航空公司。但这还不是他请卡尔松来的唯一原因,更重要的是他还省下了经费预算中的50万美元。

卡尔松事后说:"如果我先是对他说:'好,现在交给你一件任务,我要你使我们公司成为欧洲最准时的航空公司,现在我给你200万美元,你要这么这么做。'结果怎样,你们一定也可以预想到。他一定会在6个月以后回来对我说:'我们已经照你所说的做了,而且也有了一定进展,不过离目标还有一段距离,也许还需花90天左右才能做好,而且还需要100万美元经费。'可是这一次这种拖拖拉拉的事却不曾发生。他要这个数目,我就照他要的给,他顺顺利利地就把工作做完了,这太好了。"

三、不妨学会用权之术

用权之术并不神秘,它对任何一位领导者都十分重要。

领导者的重要职责之一就是用权,运用权力进行决策、管理、奖惩等。因此,领导者学会如何正确运用权力是十分必要的。当然,学的不是最普通的权术力,而是如何把权力运用得更加艺术,更有成效。

1. 用权之术的四大绝招

领导用权有四个绝招,即灵活多变、以"推"化解、破格用人、"五型"用人。

◇ 灵活多变谋略

用权之术要灵活多变,权变的目的不是为了进行实力的角逐,而是采取谋略战胜对方。因此,权术变幻也要讲究技巧,讲究策略。《汉书·艺文志》里记载:"权谋者,以正守国,以奇用兵,先计而后战,兼形势,包阴阳，用技巧者也。"用权之术变幻行为的四个特征，包括变通性、适宜性、技巧性、趋利性，它们共同作用，互相制约，互相联系，缺一不可。权变的核心是变通性，离开变通，不成其为权变；权变的保证是适宜性，只有适宜，权变才行得通，才是有效的；权变的羽翼是技巧性，它使权变神通广大，无所不能；权变的出发点和归宿是趋利性，它为权变指明方向和途径。这些权变的内在规定性，使权变明显地与无原则的权宜和欺世作弊的权术有着本质区别。**权变是科学的，有它的规律，并不是变幻莫测或诡秘难料的。**

◇ 以"推"化解

"推"是指领导者在推行既定目标或新的举措过程中，对遇到的诸多障碍因素不采取直接的清除措施，而是运用时空的自然跨度，促使障碍因素自我化解或消除，从而促成与领导者意志相一致的行动手段。任何事物的发展都有一个产生、成长、暴露的过程，任何问题的解决都需要一定的主客观条件。领导者判断一个事物可不可以"推"，主要是看这一事物的发展规律是否得以显现，解决这一问题的主客观条件是否成熟。"推"就是要选择最佳时机、最佳环境。遇到下属职权范围内的事情时，如果下属能够自行处理，领导者不要越俎代庖，取而代之，而应"推"给下属。下属没有把握或感到无力处理的事情，领导者也不应急于处理，可先让下属拿出一个处理意见，在此基础上，对其进行指导和纠正。

> 领导者恰当地使用"推"，不是回避矛盾，而是运用人的认识规律，更自觉、更有效地去解决矛盾、处理问题。

◇ 破格用人

破格用人是有一定的风险的，因为即便是用对了人，成功也不一定就是铁板钉钉。但是，从人才的心理上考虑，被用之人绝对会由于领导者的宽大胸襟而竭忠尽智。用人的艺术正是从那些能日行千里的千里马中挑选出更精之马。领导者应敢于大胆地使用人才，不顾旧规，让其在群体中大放异彩。汉唐八相之首的萧何就是一位敢于破格用人的领导。是否记得"萧何月下追韩信"的故事？

韩信是位行事打仗、排兵布阵的杰出军事家，他弃楚归汉之时，刘邦只让他担任个小小的官差。后来他感到委屈便不辞而别。萧何知道后马上追出去劝他回来，并破格封他为大将军。从此韩信为汉刘王朝立下了汗马功劳。

萧何的用人之道远胜刘邦，就是因为他深知破格用人的道理，并有破格用人的魄力和胸襟。

◇"五型"用人

用人之道随环境而变。许多领导者的用人作风一般也因着不同阶段有着不同的变化。

- 组织的创业阶段，用人者应具有冒险精神和开拓能力。
- 组织的发展阶段，用人者应具有守业精神和行政管理能力。
- 组织的成熟阶段，用人者应主要具有创新精神和变革能力。

进一步考虑到组织成长的不同阶段的特征情况，许多领导者又创造了一个随环境而变的"五型"用人方式，其主要内容包括：一是建设型用人方式适用于组织开创成立阶段；二是维系型用人方式适宜组织稳定成长时期；三是进攻型用人方式适应于组织外界出现冲突的时候；四是防御型用人方式适合组织的公共关系失调的情势；五是矫正型用人方式在组织形象受到损害时比较适当。

应该指出的是，权术变幻的变也不是绝对的，它有不变的一面。权变的依据完全在于是非和利弊，因而无论怎样权变的用人者，总是从自己的立场出发来"变"。领导者的用人方式在于灵活，变或不变都运筹于帷幄之中。高明的领导者能灵活地用权的秘方就是审时度势，全盘掌握，合理控制，进退两宜，因对象而变，因环境而异。

2. 让部下懂得领导威严

领导身居高位，但不能自恃清高，若以高为高，则不高明；若以低制高，那才让人叫绝。

一般人在听人说话或接受指导时，往往会将心情表现于态度上。例如，当不想听对方的谈话时，多半会将视线转移到其他地方，或将双手交握胸前，希望对方赶快结束谈话；如果很想聆听对方的谈话，则通常将身体向前倾斜，以便一字不漏地听完，或眼睛盯着对方的脸不放。

基于此种现象，大可将此种情形反过来加以利用，以达到将谈话内容灌输给对方的目的。也就是说，在指挥下属时，不妨要求他们采取某种形式倾听，使他们不得不专心听取上司的话。

不难发现，无论任何性质的会议，绝大多数上司除了要求与会者正襟危坐外，发言者也往往必须站立讲话，这些正是形式的利用。也许有人会认为，只讲究形式未必真有效果，殊不知此类形式的确能使工作场合产生紧张气氛，增强会议效果。

其实，凡是采取超乎平常习惯的方式来从事某种活动，都可视为一种特殊的形式，并会在参与者的心理上产生作用。

例如，一般公司职员大多坐着工作，但是，如果在上司训话时刻意让他们站着听，通过这种方式，他们不仅得听，而且极易兴起想听的心理。同时，对听到的事情也往往能留下深刻的印象。

> 领导者在教导下属工作时，如果让下属站着听，至少在形式上可以使下属处于被教导的地位，教导的效果也将更为显著。

3. 不要让领导命令"打折扣"

发布命令不仅是一纸文书，要懂得一些技巧。如果到处是命令，就等于没有命令，只有最恰当的命令，最正确的命令，才是最有效的命令。这是常理，领导者更应精通此道。否则在工作中就会走弯路，比别人慢半拍。

命令是管人最常见的表现形式，它可以以文件的形式间接下达，也可以口述的形式直接下达。"有令必行"是管理工作的通则；反之，在执行过程中命令被打了"折扣"，必定达不到预期的效果。这种现象在现代组织管理中时常发生，或者说使命令在执行过程中走了样，变了形，致使组织工作难以有效开展。

"打折"是生活中常见的事。商店里的商品卖不出去,便要打折以招徕顾客。对于打折老百姓总是欢迎的,而商家往往也能获得利益,真可谓皆大欢喜。

可是,作为一个领导者,如果你的命令被下属在执行中"大打折扣",恐怕你不会高兴。打折的商品至少还能卖出本钱,但被"大打折"的命令,实实在在连一文钱也不值了!

并且,你的下属敢对你的命令打折,很显然他们没有把你的权威放在眼里,甚至,他们根本没把你当上司看。这也说明,你对他们的管理是彻头彻尾失败的!

要想树立权威,就绝对不要让你的命令"打折扣"!因为你的命令从某个方面说是代表了你本人。

那么,如何才能让下属彻底贯彻你的命令呢?

答案就是一定要掌握向下属下达命令的技巧和方法,在下达命令的过程中向下属传达这样一种信念:

我是你们的上司,我不允许你们把我的命令打折扣,否则后果很严重。

给下属下达命令时告诉他们该做什么是一种需要技巧和专长的微妙艺术。领导者必须知道如何通过命令指挥、控制别人的行为,因为领导者不能一味靠着蛮力强迫下属去做工作,而应学会如何运用特殊的领导手段让下属心甘情愿地效力。

英国著名的政治家迪斯累里曾说:"人是被话语统治着的。"你可以用话语为你的思想和感情服务,你可以用你的方式去指挥别人按照你的意志行事并为你的目的服务,你也可以下达被认真贯彻执行的命令。

给下属发布命令的技巧是:

①命令要重点突出,不要面面俱到。如果领导者把命令讲得过于详细和冗长,那只会制造误解和混乱。

②指令叙述要中肯。发布指令时要强调结果,不要强调方法。为了达到这个目的,可采用任务式的命令。一种任务式的命令是告诉下属做什么

和什么时候做,而不告诉他们如何去做。"如何做"那是留给下属去考虑的问题。任务式的命令可以调动下属的想象力、主观能动性和独创性。不管领导者的策略是什么,这种命令方式都会把下属引导到做事的最佳道路上去。

③分散权威,有效监督。当人们准确地知道领导者需要的结果是什么的时候,便能准确地知道他们的工作是什么,领导者就可以分散权威和更有效地监督他们的工作,这时领导者会享受到减轻自己的工作压力和更有效地监督下属的好处。

④命令不要太复杂,要尽量简单。当发布使人容易明白的简洁而清楚的命令时,人们就会知道你想做什么,他们也就会马上开始去做。在多数情况下,下属没有为你做好工作的主要原因就是他们没有真正弄明白你要做什么。如果领导者希望别人丝毫不走样地执行自己的命令,那么命令简单扼要是绝对必要的。这是领导者必须要遵从的一个规则。

在军队中也使用同样的原则,简单是战争的一个准则。最好的计划应该是在制定、表达和执行上都不复杂的计划。这样的计划也更便于大家理解。一个简单的计划会减少错误的机会,其简洁性也会加快执行的速度。

> 成功的商业公司各个方面都尽可能地保持着简单朴素的工作作风。他们有简洁的策略思想,简化了行政管理程序,取消了繁文缛节,采用简单的直接联系。

掌握了以上的4种技巧,领导者下达命令时便会胸有成竹,他的下属除非故意冒犯,否则找不出任何不贯彻执行命令的理由。

4. 不会斥责的领导不是好领导

斥责是权力的直接表现形式之一。**身为领导者不能不会训人,该训就训,该斥责就斥责,方能显露领导的权威本色。**让下属习惯于斥责,自然而然,领导的权威就会不怒而威,不严而立!

现今社会人们很难遇到为了伸张自己的信念而与人激烈辩论的人。许多人都保持着无所谓的心态，而且避免伤害对方。

"别人是别人，我是我。""只要能够过自己喜欢的生活就可以了。""要是能打理好自己的私生活，何必去议论别人谁对谁错。"持以上见解的人或许越来越多了。

在这种风气下培育出来的年轻人，很少有机会遇到挫折。他们未曾被父母亲责骂过，也不曾遭到邻居老人的训斥。很多老师对学生也尽量采取温和教育。因此，要对这一代人严厉斥责并非易事。

领导者必须与下属保持一定的距离，避免在下属的脑中没有上下级的观念。

有时领导者以平和的口吻对下属发出命令，对方却误以为在与他交换意见或开讨论会，表现得不以为意。若下属的年龄与领导者相仿，情况可能更加难以处理。甚至下属会认为领导者与他是平等的，彼此只是朋友的关系。

领导者必须使部属清楚区分彼此的立场并不相同——我是上级，你是下级。基于此，一定的情绪性的发怒反而会有正面的效果。

如果领导者突然怒骂一位尚未习惯于被斥责的下属，则可能使对方愕然。他会感到极端害怕，甚至反抗："这种公司我待不下去了。"

有这么一个例子，一位被公司派到外地出差的新进职员，每次出差都需要母亲随侍在旁，这就是父母亲的过度保护造成的结果。像这种人稍微受到挫折，就会想要离开所处的环境，以避免接触烦恼。

这种职员离职后，领导者可能会被不明真相的人批评："就是因为上司不好，才会使他待下不去。"相信领导者的内心不会好受，因此，应尽量避免下属辞职。那么，此时该如何处理呢？

不习惯被责骂的年轻人，当然也不会习惯向他人道歉。

通常领导在责备部属时，若部属表示歉意，斥责就会停止；若部属始终保持沉默，或者说些毫无道理的借口，领导更会怒火中烧。一旦演变至此，领导的责骂会超越界限，更难休止。

只要发现"这小子很狡猾"时，就不要穷追不舍了。否则会弄不清楚自己是为什么而发怒。

有些部属不习惯被责骂，有的甚至只有被领导夸奖了才有干劲。

这种类型的部属其实就是将自己的个性隐藏起来了，当然也掩藏了自己应负的责任。他们卑怯，却又要求他人不能斥责自己，这类人非常自私自利，好逸恶劳。若领导者的手下有这种类型的人，那就必须在平常预备好各种斥责的方法，并且努力使他了解领导者真的很重视他。

> 一般来说，非常讨厌被责骂的人，总无法了解被斥责始于何事，以及将以何种方式结束。因此，领导者斥责下属时应一面听他的辩解，一面指出他的错误之处，并以"今后要更加小心"这句话来作为结束。

以上斥责的方式在使用几次之后，通常被责骂的人就能事先做好心理准备。即使在被斥责时，也能暗自忖度："再忍耐十五分钟就可告一段落！"若部属能够达到此境界，他们就再也不害怕斥责了。

若被斥责的机会增加，部属甚至能够分析领导们的习性，比如"那位主任对于顾客抱怨的处理很敏感"及"似乎极端厌恶迟到"等。

斥责他人是件苦差事，被斥责者更不好受。但斥责对双方而言都是一个很好的成长机会。**领导者应尽可能地将斥责当作进步的重要台阶。**

随着斥责机会的增多，领导者会成为斥责高手，而对方亦能成长为一个能够适当应对斥责的职员。换句话说，斥责与被斥责的"呼吸"会渐渐地融合成一体。

此"呼吸"在任何场合皆扮演着重要的角色。是人与人交往时一个不可欠缺的互动关系。若不充足，人与人之间的对话会变得不投机，永远无法了解对方的用意。

交涉、折中、讨论、辩解、质问、谢罪等，皆是由于"呼吸"的融合才有其正面的意义。若欠缺"呼吸"，斥责与被斥责就失去了意义。

当人们认真地向对方兴师问罪时，才会说出真心话。斥责者也好，被斥责者也好，若双方以诚心来沟通，就能加深彼此的理解程度，对于往后的一切工作亦能产生相当大的助益。若将此机会视为仇恨的表现或者无视其价值，则相当令人惋惜。

"虽然有些不放心，但是已经斥责过，相信他应该能理解了！"当领导者有此念头时,斥责行为便可打住。然后最好在一旁默默地观察下属的反应,再思考对策。

> 领导者斥责下属时,如果下属没有做适当的回应,领导者不可生气,应静候其改变。事实上,属下的理解程度通常超乎领导者的想象。

以前那些轻易提出辞职的属下,在习惯了工作性质、累积了丰富的经验之后,成为一个个能够圆满解决各种问题的优秀员工,此类例子可说屡见不鲜。

身为领导不要太钻牛角尖,不要鸡蛋里挑骨头地唠唠叨叨说个没完,只有保持一定的理性,才是上策。

第三章
柔性领导

　　做一个好的领导者,只靠发号施令是远远不够的。
　　在现代文明的、民主化的时代,需要以人为本,因而领导方式也必须做出根本性的改变。柔性领导就是适应这一时代要求的新型领导方式。
　　柔性领导把人的因素放在第一位,强调的是人性化的领导方法,是以自己的感召力与影响下属道德的力量带动下属主动地工作。柔性领导能使下属保持高涨的工作热情,从而把工作效能发挥到极致。
　　内心里更多的是下属而不是自我,这是柔性领导的最高境界。

一、柔性领导：创新的领导模式

柔性领导是相对于传统的刚性领导而提出的。

柔性领导更愿意引导而不是强迫下属前进，因为他们深知强制领导虽然使下属表面服从但内心却十分反感，甚至可能在行进途中捣乱，最终使组织的工作力量大部分消耗在内部斗争上，导致领导的失败。柔性领导是对刚性领导的完善，是对领导模式的一场革命。

1. 柔性领导：一种创新的领导模式

传统的刚性领导更喜欢发号施令而不是勤于思考，他们更像是个指挥打仗的将军，大手一挥，所有的人都必须往上冲，而不能问冲锋的方向是否正确，冲锋的方式是否妥当。而柔性领导则更注重人性，更讲究方法，因为他们深知，只有下属受到尊重，他们才愿意全身心投入工作，才更容易达到高效率。

太刚易折，太柔则靡，领导活动也是如此，要使领导活动卓有成效，**必须刚柔相济。**

柔则和谐，柔则灵活，柔能以弱胜强，柔能使组织充满活力，神话般腾飞。柔性领导是现代领导模式中的一朵奇葩。

柔性领导，是现代领导的一种灵活的领导模式，它要求在有效领导的前提下，最大限度地激发组织中"人"的活性，进而激发组织的最大活性，使组织结构更加合理，组织效果最大化。

柔性领导是人性化的领导，是增强组织灵活性、适应性、创新性和快速反应能力的新领导模式。传统的领导模式刚性过大，灵活性小，难以适应快速变化的环境。现代领导的柔性模式具有弹性，灵活性大，能够带动组织迅速适应环境的变化。

> 现代领导的基础是效率，若想让组织发挥更大的力量，就必须设法提高组织的效率。而柔性领导能使组织的效率跨上一个新的台阶，因此，说柔性领导是对传统领导模式的革命性改变，一点也不为过。

2. 柔性领导是领导艺术的最高境界

柔性领导不同于传统的权力领导。权力领导过分追求权力，认为权力是实现目的的唯一工具，而丝毫不考虑下属的感受；而柔性领导则恰恰相反，他们首先强调员工的人性，在尊重人性的基础上追求实现目的的其他有效的方式，必要时才运用权力，并且不过分依赖权力。

◇ 柔性领导力和权力的关系

权力和柔性领导力尽管常常表现出一定程度的甚至相当大程度的差异，但从根本上看，两者是相互依存、互为因果的。在历史上，凡是具有柔性领导力的人，总能出色地运用权力，甚至可以这样说，他们的柔性领导力的增长，是和他们权力的增长相一致的。中国历史上比较著名的政治家如商汤王、周武王、汉高祖、唐太宗等，无一不是随着经济、政治、军事权力的增强而增强了其柔性领导力的。西方历史上的梭伦、恺撒、亚历山大、拿破仑等也同样如此。即使是中国共产党人，之所以具有强大的柔性领导力，其背后也是随着经济、政治、军事权力的不断增长而增长。虽然，柔性领导力的增长和权力的增长有关，但权力的增长并不意味着柔性领导力的必然增长。隋炀帝、袁世凯等人的情况就是如此。

如果没有权力，就无法谋取利益，而不能给被领导者谋取利益的领导者是不会对下属产生柔性领导力的。但是，有了权力，也并不意味着必定会给下属谋取利益，有时甚至使下属陷入更痛苦困窘的境地。因此，强大的权力，并不一定会产生强大的柔性领导力，甚至有时恰恰相反地在削弱和破坏柔性领导力。而一旦失去了领导魅力，权力也将失去保护，只能在越来越倚仗强制手段的同时，走向衰弱与消亡。中外历史上不少亡国之君的生涯都说明了这一点。

柔性领导力虽然在权力的基础上发展，但这种发展并不简单地受权力的约束和限制。柔性领导力含有权力因素之后，可以以大于权力影响的程度和范围产生影响。扩大了的柔性领导力常常又反过来促进权力的增长，权力的增长又进一步促使柔性领导力的强化。商汤王和周武王的灭敌立国过程以及中国共产党领导人民建立新中国的革命历程，是权力与柔性领导力相互促进的典型例子。

一般来说，柔性领导力和权力具有同一性。这种同一性表现为：同是影响力和支配力，同是领导与被领导关系的体现。

两者的差异性则表现为：权力的影响力和支配力有可能是强制的、暴力的，也有可能是非强制的、令人愉悦的；而柔性领导力则表现为非强制的、令人愉悦的。当然，这种愉悦性不可能对所有的人，在任何情况下都有效。但是，对尽可能多的人，在尽可能多的情况下发生，则是完全可能的。

当领导力被划分为如下几种形态时，我们就可以清楚地了解到权力与柔性领导力之间的关系了。

第一种形态，领导者得到被领导者的愉悦性认同与服从。

第二种形态，领导力的行使无须强制，但在被领导者的认同与服从中，已没有愉悦的心理成分和自觉的行动欲望。

第三种形态，领导力的影响必须靠强制甚至暴力。

显然，柔性领导力是领导力形态的一种，并且这种形态是最佳形态。因为它距离领导者和追随者之间的冲突最远，而强制的暴力的形态则离冲突最近。

◇ **柔性领导是对权力领导的革命性替代**

领导的最佳状态是领导者受到被领导者的拥护。被领导者对领导者的愉悦性拥护，是领导者运用柔性领导力的结果。对这种情况，我国古代政治思想家孟子早有论及，他说："以力服人者，非心服也，力不赡也；以德服人者，心悦而诚服也。"（《孟子·公孙丑》）这里的"力"便是强力、暴力的意思，用强力或暴力去支配别人，别人也会服从，但并非由于自愿，而是其力量不足以反抗，不得不服从罢了。而以"德"服人，即以说服、教育，严于律己、以身作则的方式去支配别人，就能得到被领导者由衷的、愉快的支持与服从。因此，孟子的思想首先注重被领导者"心"的作用。他说："桀纣之失天下，失其民也；失其民，失其心也。"（《孟子·离娄》）他认为，以强制与暴力统治天下的夏桀、商纣之所以会失去天下，是因为先失去了人民的服从，而之所以失去人民的服从，是因为先失去了人民的愉悦性的衷心支持与拥护。

> 领导的最高境界是顺从民心，引导他们去做愿意做的事，这便是"德"的服人方式。只有以"德"的方式才能实现使人民"心悦而诚服"的最佳效果。

一般来说，越文明的社会时代，越追求"心悦诚服"，而越愚昧、落后的时代，则越侧重于"以力服人"。

我国古代思想家荀子早就提出："夫诚者，君子之所守也，而政事之本也。"领导者的领导，只有建立在全心全意、诚心诚意为被领导者服务的基础上，才能使被领导者以及人民"心悦而诚服"。

顺从民心、发扬民意而使大多数人不屈从于权力的强制，甚至暴力的威逼，这才是领导艺术的极致，是领导艺术的最高境界。

领导艺术的最高境界被称为柔性领导艺术。

3. 不要过于仰仗手中的刚性权力

"仰仗"这个词带有贬义，意为依靠或凭借什么东西来干不好的事。其中，仰仗权力，好像比仰仗别的东西更使人厌恶。

领导者负有达成组织目标的任务，为了完成任务，他被赋予一种强制别人的力量，这个力量就是权力。它可以用作指示、指导，也可用以纠正过失。

虽然如此，但如果太仰仗权力，不管什么事都采取强硬手段来压制下属，一再向人们显示自己的权力，则不能使下属信服。

领导者应该认清的是，指责应该根据事实，就事论事，要有充分的指责理由。而不应因为被赋予了权力、赋予了使人服从的权势而滥用指责。把强制及使人服从的力量深藏不露才是最聪明的办法。

部下能老实地接受指责当然最好，有些下属非但不能接受，反而针锋相对，此时有的领导就会火冒三丈，而用"这是命令，一定要给我做到"的强制语气来压制对方。

聪明的领导可不会这么做，这是表现度量的重要时机，改变指责方式才是必要的。从权力的宝座上走下来，以一种交换意见的态度，和气地解决问题才是上策。

本来身为下属的人，就算不受强制也会有服从的心理，如果领导者用一种以上压下的态度对待下属，即使性格温顺的人也可能因不满而反抗。所以领导者不能借助权力压人，靠自身的威信使人服从是重要的办法。

不用考虑撤回权力是否有损威严，只要能达到指责的目的就够了。

话虽如此，有些顽固、刚愎自用的下属，见领导以一种友善的态度与他们交谈，反而摆出一副盛气凌人的架势。对这种下属当然不妨使用强制的手段。但根据一般情况，大部分情形下是不需要用压制方法就可解决问题的。

卓越领导术——优秀领导者的工作艺术

> 权力是力量的源泉。但是当用它来责备他人时，只有招来对方的反感，助长其反抗心理，使领导者失去依赖。这一点握权在手的人都必须予以注意。

可以打一个形象的比方：一个人自己没有独立的能力，只靠身后的树干才不至于倒下，而他却还要抬起一只脚来踢人，这不是很可恶和很可笑吗？假如身后的树干折断的话，他只能应声而倒。这时，即使旁边有人，也因为刚挨过他的一脚而不会来搀扶他。

这根树干就是权力。领导者要自立，要以自己一贯的言行让下属信服。否则，一旦失去权力，必会是人人鄙视的对象。

权力并不是万能钥匙，不用多表现大家也知道谁是领导。 而经常把权力当作羊倌儿手中的鞭子使用的人，不仅不会收到好的结果，反而会受其累。

威信比权力更重要。放弃权力的使用，把精力放在建立威信上也许效果会更好一些。聪明的领导人很少会像中国封建社会那些专制的皇帝一样随心所欲，仿佛世间万物为自己一人所驱使，更不会像旧社会封建官僚那样做权力的奴隶，信奉权力至上。他们往往在务实的工作中，通过一点一滴，通过自己能力的施展，通过自己良好的品德风范，逐步建立自己的威信。

有了威信，领导者才能得到大家的信服，领导者的计划才能得到迅速的实施。这时，由于具备了无形的感召力，领导者所做出的决定会得到大家一致的拥护，大家会齐心协力按决定去做。领导者的决定所取得的良好效果会得到大家的一致称赞，领导者的威信同时也得到了进一步增强。

> 不讲方式地随意使用权力，只会使领导者失去威信，自信心下降；而懂得如何巧妙地使用权力，建立领导威信，则会使领导者信心大增。下属的信任和支持，是领导者开展工作的强大后盾。

4. 以感召力成功地领导下属

个人感召力是非权力领导力的一种，是指一个人凭借其人格魅力、品性、风格、声望、心理品质、礼仪修炼等个人内在与外在素质的综合作用，是在一定条件下，对特定个人或群体定向产生的感化和召唤的能力；或者说是一种不依靠物质刺激或强迫，而全凭人格和信仰的力量去领导和鼓舞人的能力。

◇ **感召力是一种重要的非权力领导力**

领导感召力的主导是领导者。领导者决定要不要实施感召，要对何人和何群体实施感召，实施感召的切入点和方式如何，实施感召的目的如何，怎样评价感召的实施效果等等。

◇ **感召力是个人素质的综合体现**

这种个人素质包括内在的素质和外在的素质两个方面。外在的素质主要指言行的内容形式和效果，它体现为一种水平、能力和仪态修养（仪表、作态、语言表达等）。内在的素质主要指领导人的品格、作风、做事风格、声望和社会身份、心理品质等。**领导感召力是内在素质和外在素质很好地融合之后综合表现出来的一种能力。**

二、以德服人的力量

以德服人是柔性领导艺术的一个重要方面，要求领导者首先完善自我，形成良好的道德习惯，然后以自身的品行去影响和感召下属，达到使下属"心服"的目的。

以德服人是一种强大的柔性力量。当员工注意到领导者是一个良好的学习榜样时，他们就会由学习到追随。

1. 运用道德的柔情力量

管理是用于应对复杂性事物的，领导则是相对于变革而言的。近些年来，经济联系趋于全球化，使得竞争更加变化不定。知识经济时代的来临，使得创新已成为各类组织在竞争中获胜的重要手段。在新的环境中，变革日益成为维系生存、增强竞争力的必要条件，而更多的变革总是要求更强有力的领导。管理是通过控制和解决问题以确保计划完成，而领导则是通过鼓舞和激励，以及自身的道德感染力，激发员工的需要、价值观和情感，来确保组织沿着正确的方向前进。

道德是发挥领导者柔性影响力的一个重要因素。随着时代的进步，教育的普及，员工的民主意识越来越强，领导者只有通过自己良好的道德品行来获取下属的信任，才能推动下属自觉努力地去工作。领导者应当清楚本行业、本组织的道德规范，在此基础上制定自己的个人道德准则，在日常决策中充分考虑道德规范的要求。"道德领导"绝非说说而已，言行一致才能真正发挥道德的影响力。由于沟通的需要，某些外表方面和非言语性行为能传递一个人值得信任的信息，所以领导者还应该用诚实来突出值得信任的印象。

道德感是根据社会道德规范去评价别人和自我言行所产生的态度体

验。它是由人的道德需要是否得到满足而决定的。如果一个人的思想行为符合社会规范，品德高尚，就会引起人们对他的赞赏和敬佩。相反，当自己的行为不符合道德规范时，就会引起别人的不满和藐视，自己则会感到羞耻。管理是靠制度来管人，领导则是靠激励来引导人。由于激励的非强制性，领导在员工中的道德形象就显得非常重要，只有诚信和正直的领导才能得到员工的充分信赖，员工才会乐意跟着这样的领导干。

如果一个组织的领导人信奉道德相对主义，这个组织就有可能发展出一种庸俗道德的组织文化。它的组织人事安排就会随领导个人的好恶而缺乏公正；产品设计和生产会漠视环境保护要求，只顾自己的利润指标；市场营销会不顾社会公德，产品推销出去就一走了之。这样的组织在内会招致员工的强烈不满，在外会引来社会其他组织的反对，甚至是制裁。可见，由领导人不道德的观念和行为影响了组织文化，由个人的问题产生了组织的问题。

> 领导者取得成功的状态是引导组织中所有的人都鼓起干劲，让被领导者不觉得自己是被人领导，每人都向自己喜爱的方向奋发努力，这才是高明的领导。

表3－1 有良好道德修养领导的优势表

关系	良好道德	带来的好处
与上司的关系	对上司尊敬，不在背后贬损上司。	你的意见和建议很受上司重视，工作得到上司的支持。
与下属的关系	对下属关爱，对团队的问题主动承担责任，不掠夺下属的成绩。	下属都努力工作，毫无怨言，既能服从领导，又能主动献计献策。
与同事的关系	对同事以诚相待，主动配合工作。	得到同事信任，乐于给你以帮助，在你身边没有疑惑的眼光。
与客户的关系	以诚信待客户，努力满足客户的需要。	客户乐意与你做生意，订单接踵而来，业务成绩不断上升。

想象一下处于上表的工作氛围，在领导者的身边没有疑惑的眼光，没

有谣言的传播，领导者不必为办事的方式操心。在这样的环境里工作，领导者必会事事顺利，工作得心应手。

2. 做一个道德感强的领导者

有一位连锁零售店的店经理，在部属的销售记录上签上自己的名字，使这些销售记录归到自己名下，而得到总公司的赏识。在这个例子中，下属销售人员就对喜欢抢功的这个经理厌恶至极，不想再为他效力，该店的销售额因而一降再降。

几乎所有领导者都认为自己注重道德，但许多领导者视道德为个人的事，或个人与其良心之间的事。他们认为，如果对某事自己的良心过得去，这个行为就是道德的；如果不能通过自己的良心这一关，那么这个行为就是不应该的。这是一种十足的道德相对主义，应用在领导活动中是十分危险的。诚然，道德感是一种个体心理感受，它受一个人的价值观、信念和态度的影响，但个人的价值观和信念正是来自社会文化的熏陶。如果每个人都凭自己个人的好恶，而不是根据社会认同的道德标准来行事，那这个社会就全无道德可言了。

◇ **培养自己的道德准则**

既然大多数人都认为他们的领导应该有良好的道德，那么领导者就应该采取一些建设性的步骤使自己变得讲道德，这一点很重要。即使员工还没有指控领导者不道德，也应时刻确保自己讲道德。如果员工认为领导者有道德问题，那就会有碍于领导者成为一名更有效率的领导者。提高领导者所创造的道德风度的第一步便是制定一个个人道德准则，记下自己工作中道德的和不道德的事。

领导者的个人道德规范不应被放进档案或被遗忘掉。领导者要经常查看它，以确保遵守自己的道德规范。

道德准则根据价值观决定什么是正确的或错误的（好的或坏的）。在写下自己的道德准则时可以从组织制度手册上找到一些行为规范，同时向律师、医生、保险代表或投资经纪人要一份相关领域的道德规范。

组织的道德规范一般包括如下项目：

- 遵守安全、健康和保安规定；
- 对人礼貌、尊重、诚实和公正；
- 上班不迟到、不缺勤；
- 不骂人；
- 不行贿；
- 要保守组织秘密；
- 遵守财会制度和限制；
- 不挪用公物；
- 不传播虚假或错误的消息；
- 不要对下属、同事、供货商或顾客进行性骚扰；
- 做决定时不计较个人得失；
- 提供高质量的产品及服务。

在学习一个行业或组织的行为规范后，领导者就可以把其中的一些想法用在自己的职业道德规范上。

在个人道德规范中还应包括一些扩展的东西，如：为了获奖或升职，是否能把别人的想法归为己有或在背后中伤他人？是否能为了取悦某个关键人物而做一些违反道德准则的事？

> 有正义感的人都知道像接受贿赂、说谎和对他人进行性骚扰这类行为是不对的。道德规范能帮助领导者巩固认识，能使领导者得到他人的信任，如此领导者的形象就会得以提升。

◇ 律己才能律人

一个普通的人要想获得别人的尊重，就必须具有别人所没有的优秀道德品质。作为一个领导人更是如此，如果领导者不具有这种独特的道德品质，就很难获得下属的尊敬和追随。可能领导者已经习惯于作为管理者强调对员工的控制，很少反省自己的作为是否符合道德的标准，只重视律人而忽视了律己。在这种情况下，领导者必须来一次彻底的自我革新，不断反省自己的管理道德，并在领导活动中努力实践道德原则。

表3-2 领导者律己自问表

律己自问	回答	下属的感受
我对自己的要求远高于下属吗？	是	这位主管看来是值得信任的。
我是否会站在客观的立场为下属设身处地地想一想？	是	这位主管看来是值得尊敬的。
我办事是否总以自己的利益优先？	否	这位主管办事很公平。

有一家生产家电的公司，其主导产品在市场上已显示出饱和的迹象，总裁让一部门经理组织尽快开发新产品。于是，经理赶紧召开员工大会进行动员。几天过去了，员工未提出合理的方案，这位经理开始抱怨别人："这些家伙尽是窝囊废，竟然拿不出一个新构想！"

在上例中，这位经理应该自己先动脑筋，提出一个初步的构想，比如组织人员先做市场和技术调查，收集各方面的情报，明确攻关的方向，然后再要求下属全力策划。这样靠着双方的努力顺利达成目标才是正途。如果只是一味埋怨、责备下属，即使事情成功了，领导者也失去了一个在下属心中赢得信任的绝好机会。

◇ **做到言行一致**

工作场所的一个重要议题是下属们是否信任他们的领导和管理者。从长远看，信任领导者的下属更容易获得满足并且表现良好。而获得下属信任的首要因素便是表现出领导者的意图与行为的一致性。

"说话算数"的意思是言行一致。假如一位经理说："别担心，这次合作并不会导致工作机会减少。"如果随之而来的是裁员，那么这位领导者将来再不会得到信任。裁员本身并不会有损于信任，但虚假的许诺则会。

> 领导者要花很长时间来建立信任，而一件小小的有违诚信的行为却能永久地破坏他人对你的信任。人们通常会原谅领导者一些小的诚实的错误，但不诚实的错误会迅速地破坏领导效率。

3. 努力使自己值得下属信赖

几年前，美国管理协会请一组学术人士和专家描述20世纪90年代商界最完美的领导形象。在领导艺术清单上"正直"和"值得信赖"这两个品质名列榜首。专业人士的研究反复证实这样一种常识，就是人们需要他们能够信赖的领导。同样，他们也希望领导能信任他们。正直能够补充信赖，因为正直的领导本身就是值得信赖的。

培养他人对领导者的信任的要素通常包括领导者内在的品质和行动。如果领导者表达出了他的道德信仰而且又言行一致，那么团队成员就会信任领导者，这会增强他的柔性影响力。

此外，某些外表方面和非言语性行为也能传递一个人值得信任的信息，而另一些非言语性行为表明一个人的信任度值得怀疑。领导者可以有意地控制自己的外在行为。

- 经常微笑而不是一直微笑表示真实，一直微笑会让人觉得你在掩盖真实感情。
- 微笑应自然扭曲的微笑表示表里不一。
- 短暂的微笑或像皱眉这样的面部表情表示真实。相反，持续时间长的面部表情表示缺乏真实。
- 保持目光交流但不是盯着对方看是一种值得信任的信号。
- 衣着整洁、得体表示值得信任。
- 友好、温暖的目光要比瞪着眼看人更显得值得信任。
- 保持你的眼睛睁开三分之二那么大能表示值得信任，而眯着眼便使你看起来不诚实。
- 经常擦鼻子通常表示不诚实或至少不自在。

领导者只有在努力使自己成为值得下属信赖的人后方能顺利推行自己的设想，获得成功。否则，在前进的道路上必然困难重重。

三、以真情感召下属

现代领导与传统领导相比,更加注重以真情感召下属,因为要控制下属就必须牢牢地抓住下属的"人",而要想让下属死心塌地地为领导效命,就必须牢牢抓住下属的"心"。关键时刻拉人一把,勇于为下属分担责任也是领导者用情的一个方面。而在平时,就要更多地关爱下属,以真情感召下属,只有这样,才能以心换心。有句话说得好:"在成功的天平上,付出多少,就能得到多少。"

1. 以己之爱换下属之心

西方有句格言:"希望别人怎样待你,你就要怎样对待别人。"有人也许认为这句话只能用在宗教和道德行为上。其实,这与优秀的领导也有极大的关系,因为人们不愿意跟随漠不关心他们待遇的领导人。有众多信徒追随的领袖的影响力完全是非权力性的。

在权力之外,领导者可以影响下属的另一个关键?就是要抓住下属的心。

◇ **敏锐掌握下属的情绪变化**

领导者平常要收集下属的个人资料,然后熟记于心;另一方面,需根据下属的一些行为表现及早察觉下属的心理状态。下面是几条观察他人心理状态的技巧:

- 脸色、眼睛的状态(视线、闪烁的光辉等);
- 说话的方式(说话的腔调、是否有精神、速度快慢等);
- 谈话的内容(话题的明快、推测或措辞);
- 身体的动作、举止行动是否活泼;
- 姿势、走路的方式,整个身体给人的印象(神采奕奕或无精打采)。

> 人们的心理随着工作或身体等状况经常会产生变化。只要能敏锐地掌握下属心理微妙的变化，适时地说出适合当时状态的话或采取恰当的行为，就能抓住下属的心。

◇ 及时帮助下属解决问题

当下属情绪处于低潮时，他们很需要帮助，此时正是抓住下属的心的最佳时机。尤其是以下时机：

①工作不顺心时。下属因工作失误，或工作无法照计划进行而情绪低落时，是领导者抓住下属的心的最佳时机。因为人在彷徨无助时，希望别人来安慰或鼓舞的心情比平时更加强烈。

②人事变动时。因人事变动而牵动本部门的人，通常都会交织着期待与不安的心情。应该帮助他们早日去除这种不安。另外，由于工作岗位的改变，下属之间的关系通常也会产生微妙的变化，不要忽视了这种变化。

③下属生病时。不管平常多么强壮的人，当身体不适时，心理总是特别脆弱。领导及时关心会使生病的下属非常感动。

④为家人担心时。家中有人生病，或是为孩子的教育等烦恼时，人的心理也总是较为脆弱。领导者应及时关心这些问题，并尽量帮助下属解决。

上述情形都会使下属的情绪低落，所以适时的慰藉、忠告、援助等，有利于领导者抓住下属的心。

◇ 记住下属的姓名

每个人对自己的名字都有一种特殊的感觉，具有极强的认同感。用一句夸张的话说，在广袤的宇宙中，只有一种声音对人们最重要，那就是叫他们的名字。如果领导者能记住某个人的名字，并在过后再见面时能不费力地叫出他的名字，这就是对他的一个小小的恭维。但是，如果领导者忘了或记不准了，产生的效果就不再是恭维了，而是尴尬。

如何记住他人的姓名呢？可以采用如下方法。

①根据名字的字面意思来记。中国人取名多有特殊意义，方便人们记住。

②根据人的形象来记。努力在头脑中留下对方的形象，将其姓名与形

象联系起来记。

③根据职业特征或技术特征来记。如王建平很会鼓捣计算机，可记忆为：望见计算机，他就能弄平。

④明知故问来记。当已被告知对方的姓名后，说出对方的名字，请他解释命名的特殊含义，说不定还可以听到一个小小的故事，当然更容易记住了。

总之，抓下属的心要通过多种方法，俗话说"网撒多了才好捕到鱼"，这和领导下属是同样的道理。

2. 勇于为下属承担责任

有这样一句话："世界上有两种人最难忘，雪中送炭者和落井下石者。"下属惹了祸，如果领导者自己扛，这就是雪中送炭，否则就是落井下石。对于领导者来说，中间状态是很难的。

危难时领导者向下属伸出一只手，会比他成功时伸出两只手拍出的掌声更容易让他感动。下属信任领导者，在某种程度上，不是因为领导者的权力，而更是因为领导者能够承担责任。下属出了问题有人替他解围，此时的关怀更会令下属感动，更会增加下属对领导者的信任。

一位称职的领导人在下属闯祸后会先冷静地检讨一下自己。如果完全是因为下属的疏忽，领导者可以和下属一起冷静地分析整个事情，找出错在什么地方，应该如何改正，并鼓励他们全力以赴地做事，冷静地处理每一件事，告诉下属自己永远是他们的后盾。

要是下属犯错，领导者也有间接责任，领导者就可以在与他单独会面时，将事情弄清楚。最好不要推卸责任，当然也不是要把所有的错误全都揽过来，而是一起去研讨犯错误的前因后果，并鼓励下属以后多多与自己磋商。

> 勇于替下属承担一些责任，就会拥有一个团结的集体，下属就会努力工作，这是事业前进的必备条件。有了责任大家分担，有了问题共同解决，有了功劳大家一起分享，这样的组织必定会欣欣向荣。

作为领导者，手中拥有的权力其实是下属赋予的。假如下属不听指挥，阳奉阴违，表面上唯唯诺诺，背地里放冷箭，这样的领导还有什么价值呢？所以，权力应该是和责任相关的，权力越大，责任越大。明白了这一点，就该知道为什么要"有了祸事自己扛"了。

3. 在关键时刻拉下属一把

人总是会遇到困难的。当下属遇到困难或挫折，感觉压力很大时，上司如能及时伸出援助之手，他自会感激万分，而更乐于跟随上司。上司帮助下属也并非轻易可以做到，特别是当上司为下属承担失误的责任的时候，更显出受人尊敬的情操。

◇ 学会当下属的庇护人

某科长由于动不动便指责下属而深受科员的鄙视。一天，科长的上司——处长，怒气冲冲地跑进办公室，指着一位正在写报告的科员说："你写的什么报告？"此时，那位经常指责下属的科长却适时地站了出来说："是我要他这样写的，责任由我来负！"

从此以后，该科的气氛完全改变过来了，科长虽仍如同过去一般动辄破口大骂下属，但科员们对科长的态度却已与从前大为不同。因为他们意识到："科长是真的在替我们着想。"这产生了上司与下属间的信赖关系，整个办公室因此充满朝气。

◇ 指导下属突破困境

有的下属工作劲头很大，但当工作陷入僵局时，越是想以固执的干劲予以克服，对于事物的观点往往越局限、狭隘，并使原有的意愿大打折扣，难以达到目标。领导者此时应作为指导者出现，指导下属突破难关。如果员工固执于某事，难以进展，领导者可即令其停止工作，或将一件小事转交他去办。待他避开固执的念头，重新回到原来的工作时，必然可以从不同的角度找到解决问题的办法。如果一名员工只完成了他所能完成的计划的三分之二，领导者就应该调查没有完成计划的原因，然后指导他如何学会坚持不懈地将工作完成，同时也可以指导他正确估计自己承担工作量的能力。

第三章 柔性领导

在指导的最初阶段，可以采取两种方式：正式的谈话和在下属工作区召开临时会议。开会时不要隐瞒会议的目的，应开门见山且得体地将问题的核心和盘托出。不要一开始就讲恭维话，那样会误导下属，使他们以为自己没有任何改进的余地。下面的几种开头语可帮助领导切入正题。

① "我发现你的工作总是不能按时完成，半年来，你有好几次接受的任务都没有按时完成。比如你答应调查一下往网站上加音乐的可行性，可两个月过去了，却没有结果。这是怎么回事？"

② "我要你来见我是因为我发现你的报告经常交得很迟，希望我们能一起来解决一下这个问题。"

③ "我发现几个月来你的销售量一直没有上升，我想我们可以共同探讨一下走出低谷的办法。你的工作很不错，但我知道你能干得更出色。"

◇ **给人留条后路**

大多数的企业一遇到不景气，就以减薪或裁员来渡过难关。这种把一切的不利因素全都加诸员工的做法，很容易打击员工的工作热情。

懂得人心的领导者采取的做法完全相反。IBM 的创始人托马斯·沃森，在担任董事长时，首先面对的问题就是资金的匮乏与人员的过剩。在得到了摩根公司的融资后，剩下的就是人员过剩的问题。公司那些老主管都向沃森提议以裁员来渡过难关，但沃森坚决反对。他说："裁员对公司而言是经营合理化不得已的政策，但对员工而言却是影响一生的问题。所以，即使是人员过剩或人员的能力不足，都不能轻易地裁员。" IBM 公司在采取解雇手段之前，不放弃任何机会再做最大的努力，为过剩的人员找寻新的工作机会，对于能力不足的员工则以教育训练开发其能力，为员工留了后路。

在内部管理中，领导者非权力性影响力的作用是建立在下属的忠诚之上的。如何获得下属的忠诚，是领导力的重要体现。通过善待员工，关爱下属，可赢得其忠心。

使单调的工作带有游戏性质，使工作场所变得有趣，这样更能稳定优秀的员工。在关键时刻扶持下属，拉人一把，更可使员工铭记在心，自愿追随领导。

4. 以包容赢得下属的人心

"海纳百川,有容乃大。"宽容别人会展示领导者为人的博大胸怀和行事的恢宏气度。人才必有其特长,容忍其短处,发挥其优势,领导者会得到其真诚的信任;金无足赤,人无完人,容忍其缺点,领导者会得到其感激与报答;尊敬竞争对手的人才,诚心待之,领导者会赢得尊敬和人心。当然,凡事皆有度,容忍不等于纵容,无原则的宽容只会导致鄙夷和失败。

求全责备是领导者的大忌。求全责备,是指对人要求过严,企图"完美",容不得别人有半点缺陷,见人一"短",就不及其余,横加指责,不予任用。领导者求全责备,会压抑下属的工作积极性,阻碍下属的成长,阻碍下属能力的充分发挥;会使下属谨小慎微,不思进取,阻碍下属的创造性想象力的发挥;会使下属失去活力,缺乏竞争能力和应变能力,造成人才,尤其是优秀人才的极大浪费。人都有短处,如果领导者总是"鸡蛋里挑骨头",会使许多人难以得到重用。更严重的是,求全责备会造成互相埋怨的氛围,极不利于团结合作。

日本的索尼公司倡导尊重每一位员工,使人尽其才,安心工作。同时也能容忍员工的不同意见,包括一些难以避免的错误。索尼公司的观点是:只要有错即改,引以为戒,那就还有可取余地。

索尼公司的创始人盛田昭夫就曾对他的属下说过:"放手去做你认为对的事,即使犯了错误,也可以从中得到经验教训,不再犯同样的错误。"这体现了索尼公司的容人之心、宽容之心。这样,属下员工才敢放心大胆探索、实践,发挥创意,才有利于调动每一个员工的聪明才智。

容人,有一个重要的方面,就是容人之私。就是领导者对部属的私交、私利和隐私,不进行干涉,允许它的存在和发展。

具体来说,领导者应该做到以下几点。

①容人私交。允许部属享有交友的权利、交际的权利和参加各种合法的社会团体和社会活动的权利。对此,领导者既不可"以己之友,强人之交",亦不可"欲交必交我,欲从必从我",也不可因自己的感情变化而"爱屋及乌"或"殃及池鱼"。

②容人私利。即允许部属在法律允许的范围内，追求、交换、赠予各种物质的或精神的利益。领导者既不可限制部属私利，也不可伤害部属私利，即便是部属在追求私利以及个人消费上有些缺点，只要不是违法乱纪，都不可以横加干涉。当然，适当加以劝导是可以的。

③容人隐私。人都有各自的隐私。在法律规定范围内的隐私是人身权利的一部分，尊重别人的隐私，其实也就是尊重别人的人身权利。反之，通过各种手段窃取、了解别人隐私的行为，是极不道德的，对此领导者更应注意。

四、掌握以柔制刚的艺术

以柔制刚是柔性领导的一大法宝，以柔性领导力代替刚性领导力（权力）是柔性领导的一大特征。

面对难以以高压使之屈服的下属，柔性领导往往会更有效。因为柔性领导者能够避开正面冲突，从侧面对下属加以引导，逐步消除下属的抵抗，从而使下属不仅口服而且心服。领导者通过多种有效手段驾驭、感化、团结下属，从而使自己与下属紧密地联系在一起，形成一个强大的战斗团体。

1. 凭借亲和力赢得下属信赖

福特汽车公司的建立者亨利·福特说："**聚集人马只是开始，继续共事可谓发展，同心工作才是成功。**"要做到上下同心，必须在领导者和追随者之间形成一种互相信赖的氛围，这在很大程度上取决于领导者的亲和力。

亲和力要求圆融，而不是尖锐。尖锐的态度往往是与人接近时的障碍，应当设法消除这种无形的障碍。

林肯在总统大选期间曾收到一封住在中西部的一位少女的来信，信的内容如下:"你的演讲的确令人感动,但是你那言辞尖锐的评论气氛过于强烈,如果能带点父亲跟家人谈天的轻松气氛,我相信一定能得到更多人的支持,因此我建议你不妨留点胡子,这样也许能调节那种严肃的气氛。"林肯听取了这位少女的忠告留起了胡子。胡子的存在缓和了不少尖锐的气氛。过人的才能和亲和力使得林肯在大选中赢得了大多数选民的支持,从而最终获胜。

这个事例说明了亲和力的重要性。

树立领导者内在的形象也是必要的。首先应该确立自信心,先让自己相信自己,然后再令别人相信自己。外在的改变比较容易做到,而内在的改变(比如改变自己看事物的态度)是有一定困难的。这主要在于领导者必须克服内心产生的对抗情绪,而这也是最麻烦的。领导者需要改变的不是别人而是自己,征服自己远比征服别人困难,领导者必须有坚强的意志力。

身为领导者应当懂得下属的心愿,处处考虑到下属的利益,不要总是以严肃的面孔去对待下属,要有随和的态度。为人随和并非是迎合部属,如果一味迁就部属,决不会得到部属的尊敬与信任。一方面要有果断的执行力,一方面必须具备同情心。在工作上发挥高超的指导力,离开工作场所后,应当与部属随和交往,这样下属才能对领导者信服。

天文学家伽利略有一句名言:"你无法教人任何东西,只能协助他从内心深处发掘。"领导者是一个培育者,而不是教师,需要给人们提供发展的机会,让他们发掘自己本身已有的天资就行了。应提供培训的机会,鼓励部属读书,让部属有使用新技巧的机会。给部属提供发展空间,并让大家有机会在其中成长。

忘记自己的领导者角色,善用团队才智是成功的秘诀。团队合作过去仅仅停留在理论层次,如今已是绝大多数公司的主动做法。领导者面对的最大的挑战是如何善用团队的智慧。每个人的个性不同,立场各异,动机暧昧不明,一旦发生冲突就无法共同面对问题。团队成员需要坦诚吐露影响其工作目标的任何问题。最有效率的领导者能通过沟通促进团队的合作,事实上这也是让一群人能够一起工作的唯一方法。

有的领导过分强调自我,口口声声以"我"为中心。这是因为他太顾及自己的角色、自己的权力，但殊不知没有各个员工的分工协作，没有各个员工能力的充分发挥，领导的存在也是没有意义的。

> 人们都关心自己，领导者应当明确自己的利益与下属是一致的。为员工服务，解决员工在工作、生活上遇到的问题才是明智的做法。

与员工交朋友，成为员工中受欢迎的一员，是成功的领导者的秘诀之一。他们忘记自己的权威性，拥有一群忠心的伙伴。实际上只要个人受到公平的礼遇，而且意见经常被关注，员工常常愿意竭力配合领导者。因此巧妙地运用自己的管理艺术，就能够真正地当好领导者。

2. 精通权变，变领导为引导

不可否认，"撞钟和尚"是由于强迫员工干他们不愿干的事造成的。长期以来，有不少领导者都是以命令的方式来强迫员工做这做那，但结果并不理想，这也极大地妨碍了员工自己的发展。

某服装厂绩效很差，虽然按件计酬，但产量就是无法提高。经理尝试用威胁、强迫的方式要求员工，仍然无效。该厂请了一位专家来处理这个问题，专家将员工分两组：告诉第一组员工，如果他们的产量达不到要求会被开除；告诉第二组员工，他们的工作有问题，他要求每个人帮厂子找出问题在哪里。结果第一组的产量不断下降，压力升高时，有的员工干脆辞职不干了；第二组员工的士气却很快提高，他们依照自己的方式去做，担负起增加产量的全部责任。由于齐心协力，经常有创见，单单第一个月，产量就提高了20%。这种效果完全是诱导造成的。强迫没能使员工提高业绩，相反，诱导却有效地激励了员工，提高了业绩。

领导与下属的关系，不是领导与被领导的关系这么简单。如果领导一味地命令下属做这做那，组织的工作会很乱。因此，**领导为了更好地处理事务，必须改变和下属的关系，变领导为引导。**

用人活动是领导、使用对象和环境三者交叉作用与交织影响的过程。用人之道除了随环境而变外，还要考虑使用对象这一重要因素，也应该随

对象的不同而不同。日本系统研究所理事长片方善治指出："不了解对象，就不可能发挥领导作用。"领导者要学会利用自己的用人经验，经常改进领导方式，使自己随时适应新的被用者和新的用人情况。

不同的使用对象其素质、能力以及相关的情况均有不同，这种使用对象的差别性要求领导者的作风及方式具有可变性，随对象不同而有所不同。使用对象的差别性往往会使不善权变的领导者捉襟见肘，显得无能。要想领导得心应手，左右逢源，有效地组织、调度、指挥使用对象，领导者必须了解对象、熟悉对象，善于权变，善于根据不同对象采用不同的作风、方法和手段。

精通权变的领导，他的领导风格并不是单一的，而是一种复合的可变的作风形态。他也许会觉得对某个对象必须采取坚决、毫不含糊和明确运用权力的领导方式；而对另一对象，则应该采取松散、自由和共同磋商的领导方式。一个领导者用人风格的多样性，集中体现于对不同使用对象施以不同的领导作风。

领导者的领导作风一般可以分为三种类型：

①集权、命令式的领导。领导要求下属绝对服从，一切方针和行动计划由用人者个人制定。

②民主、协商式的领导。领导通过讨论协商的方式，组织使用对象参与制定方针和行动方案。

③分权、放任式的领导。领导就像个信息中心，他极力限制自己在组织活动中的作用，只进行最低限度的控制，而更多的是从事收集整理各种素材及信息的工作。

在这三种作风的领导类型中，民主协商式的领导既可以提高工作效率，又能让使用对象得到较大的满足。因此，在通常情况下，对大多数的使用对象采取这一类型的领导作风是适合的。

能权变的领导即使是对待同一组织从事同一类工作的对象，也会因为他们的身份不同，对其调度使用的方式也有所不同。

①对直接下属人员——指导。领导对直接下属的使用多采取指挥的方式，可以具体安排他们为完成某项任务而采取行动。

②对间接下属人员——指挥。领导在非直接的下属面前只适宜以指导

的方式出现，对他们的行动给予一些参考性的指点和引导。

③对左右助理人员——支派。像协助工作的秘书之类人员，领导可以随时随地不拘形式地支使他们去办一些事。

④对身边参谋人员——商量。在领导要求参谋人员出主意、想办法时，只能以磋商的方式予以进行。

权变领导观还把工作行为、关系行为和使用对象的成熟度结合起来考虑，主张根据使用对象不同的年龄、成就感、责任心与能力等条件，采取不同的行为方式。随着使用对象年龄的增长、技术的提高，由不成熟逐渐向成熟发展，领导行为也应该按照这样的顺序逐渐变化推进：高工作低关系→高工作高关系或低工作高关系→低工作低关系。这就是说，当下属成熟度较低时，领导可以采取高工作低关系的领导方式，直截了当地给使用对象规定任务，要他们干什么，怎么干；当下属的成熟度处于中等水平时，领导适宜采取高关系高工作或者高关系低工作的领导方式，通过说服教育或参与管理来调动使用对象的工作积极性；当下属的成熟度达到较高水平时，领导只宜采取低工作低关系的领导方式，通过充分授权、民主协商的办法，组织下属完成任务，实现目标。

另外，即使是对同一下属，在不同的时期，领导者也应该有不同的领导行为。当工作任务模糊不清，下属无所适从的时候，他们希望领导以高工作的领导作风出现，帮助他们对工作做出明确的规定和安排。处于例行工作或者内容已经明确的工作环境中，下属则希望领导能有高关系的领导作风，使他们得到个人需要的满足。

> 领导者要明白：如果工作任务已经明确，领导还在喋喋不休地发布指示，下属就会觉得厌烦，认为是对他们不信任。

领导与引导是不同的，领导无疑含有命令的成分多一些，而引导包含的命令成分要少得多。将领导变为引导是企业领导者灵活运用激励原则的高超表现，在企业员工中能够取得意想不到的激励效果。领导转化为引导，对领导者有着较高的要求，首先，领导者要有非凡的智慧，能洞察组织运行的实质，不靠产品，而靠员工。激励员工是领导者应做的事。其次，领导者要做出表率，领导者对于自己制定的规范、决定的政策，要以身作则，身体力行；对于自己的诺言，要言必信，行必果。只有领导者以身作则，言行一致，员工才会心悦诚服地接受领导，跟着积极行动起来。最后，领导者不能单凭自己的职务、权力和形式上的地位、尊严去建立威信，而是要靠对员工的信任和指导去建立威信，要相信自己的下属员工是有工作积极性，有提高自己的能力、承担更大责任的愿望的。

3. 善于以柔克刚，化解冲突

凡大型水库在每年的汛期时都要开闸放水冲沙，如不及时开闸放水，就会导致溃坝或泥沙堆积使水库水面上升。在人际关系中，人的心理也是如此。领导者与下属的冲突可能起源于下属的某种不满和怨气，心理的"水库"积累怨气太多，必然会发泄出来。因此，当下属有怨气要发泄时，就要采取一定的方式让其发泄。有沙不冲会破坏水库，有怨气不泄会憋出心理毛病。即使下属在发泄的过程中有过激的言辞，也要让他发泄完，然后再选择适当的时机与合理的方式与之沟通，帮助他分清是非、对错。同时也要反思自己的工作方式有哪些不足，与下属诚恳交谈。通常来说，一个人在发泄完怨气后，心境会平静下来，容易沟通。

领导者与下属的矛盾或冲突一般来说不是突然产生的，往往有一个由潜到显、由小到大的生成过程。辩证法告诉我们，任何矛盾的产生都与特定的时空条件、事件性质有密切的关系。因此，领导者要放弃简单处理冲突的刚性方式，而必须及时、周密地掌握各方面情况，找出冲突的根源，根据具体情境、具体人员、具体事件，采取灵活抗议法及时处理冲突。具体做法有以下几种。

◇ 化解冲突于萌芽状态

在任何一个组织中的领导活动中，皆大欢喜是不存在的，冲突与不满时常都会发生。有效的领导者必须运用他的权威和影响力及时并合理地处理这种冲突，消除下属的不满。

组织内部发生冲突不一定是坏事，它使组织的一些潜在矛盾暴露出来。但是，冲突给正常的工作秩序造成不同程度的危害，对组织目标的实现起负效应影响。当人们普遍就所关心的问题有了较偏激的反应时，就会形成一种从众心理，其突出特点就是情绪色彩浓厚，相互传染快。这些情绪色彩显现在外，就是对有关领导产生较强烈的对立情绪，特别是当一部分人的要求得不到满足时，这一特点就更加明显。领导如不及时加以疏导，这种对立情绪就会恶化并引发冲突。对此，可采取以下步骤进行疏导和处理。

步骤一：及时沟通信息，在矛盾气球爆破之前先放气。矛盾不断激化的一个重要原因，是下属不满意的地方太多，若压着不能讲，问题长期得不到解决，就像气球一样，不停对其充气，到一定程度就会爆炸。

步骤二：冲突发生后，要迅速控制事态。在情况不明、是非不清，矛盾激化在即的时刻，先暂时"冷却""降温"，避免事态进一步扩大，然后通过细致的工作和有效的策略适时予以解决。

步骤三：及时阻隔信息，避免流言的影响。尤其是在领导集体中，更要避免因流言而瓦解领导班子合力的不良结果。

> 主要领导者应把握好各方面的思想情绪，做到该畅则畅，该阻则阻，从而达到化解矛盾、消除不利因素、求同存异之目的。

◇ 以大度化解矛盾

古人言："宰相肚里好撑船。"领导者凡事让三分，可为自己今后的工作做好铺垫。在经历了以上三个步骤控制住事态以后，领导者就要分析对立和冲突产生的原因、后果以及转化的方法，为进一步的思考处理做好准备。下面的建议在消除对立状况时可参考使用。

①别人对自己是否有恶意？

很多时候，其实别人对自己并没有恶意，而自己却以为别人在故意跟自己作对。

②自己没有误会对方吗？

我们在看一个人的时候，常会因所看到的某一部分现象而产生误解。如果是这样的话，重新调整自己的视角，问题就好解决了。

③是不是完全不了解对方而自己妄加揣测呢？

如果是这样，就要努力去了解对方，与对方沟通，这样可以避免不良冲突，或在冲突刚起时就通过双方的沟通予以消除。

④产生对立的原因何在？

事出必有因，如果能找出具体原因，就能对症下药，消除对立。

⑤对方的真意在哪里呢？

是个性使然，还是一时的兴起？努力从对方的表情、态度、说话的语气来了解其本意。

⑥真的不对立不行吗？

如果是会影响组织利益或规章制度不允许的重要事情的话，就必须断然予以否定。但是，如果为了微不足道的小事而对立，那是多么愚蠢！

⑦互相对立对彼此有什么好处？

如果能不只考虑到私人利益，而以更广泛的立场来思考的话就好了。不良的人际关系只会造成双方的不愉快。

◇ 动之以情，晓之以理

不良冲突往往伴随着情绪上的对立，如果一个下属和领导者有意见冲突，对领导者无好感，领导者就是搬出最严格的逻辑学也无法使他同意，因为情绪已遮蔽了他的理智。一个人一旦有了自己明确的见解，他是很难被迫改变自己的意见的。但如果领导者首先动之以情，缩短感情的距离，诚恳谦虚地诱导对方，就可以使其改变主意。

在美国工人运动史上，领导者中较早懂得以诉诸感情的方式对待罢工者的，是福特汽车公司的一个经理。当福特汽车公司2500名工人因要求加薪而罢工时，经理布莱克并不发怒、痛斥或威吓罢工者。事实上，他反而夸奖工人。他在克利夫兰各报纸上登了一段广告，庆贺他们"放下工具的和平方法"。看见工人纠察队没有事做，他买了很多棒球和球棒让工人们玩。

布莱克经理这种讲交情的态度，就是在感情上接近对方，使得对方愿意接纳自己。人是社会动物，都是讲感情的，那些罢工的工人借来了很多扫帚、铁锹、垃圾车，开始打扫工厂周围的废纸、火柴棍及雪茄烟头。在劳资对立的情况下，想一想为提高工资罢工的工人们却开始在工厂的周围做清扫，这种情形在美国劳工斗争史上是空前的。那次罢工在一周内获得圆满解决，双方未产生恶感和怨恨。

◇ **冷静思考，善后解决**

在组织内部，上下属或同级之间对于解决问题的意见不同，或双方自我意识太强，都有可能引发争执。若团队久经磨合，大家坦诚相见，则争执有利于发掘不同意见。但在很多情境下，事实往往不能如愿，争执常常会发展为争吵或冲突。如果发生这种情况，请从以下问题入手，思考解决问题的办法。

- 事态为什么会变成这样——找出产生对立的原因。
- 为什么自己要那么坚持——试想这是不是值得钻牛角尖的小事呢？
- 对方为何要如此坚持——是为了名还是利，或者其他原因？
- 自己的主张真的正确吗？下属如此坚持自己的意见，是不是因为领导者自己的主张有缺陷？
- 有必要固执己见吗？如果能退让一步对双方不是都很好吗？
- 自己的表达方式是不是有问题？即使自己的意见是正确的，但如果表达方式有问题，就会伤害下属的自尊心或让下属很没有面子。所以要改进自己的沟通方式。
- 即使说不过别人，也绝不表示你就输了。若继续拼命反对对方的观点，不过是白白浪费时间而已。
- 把下属当成敌人后，结果会如何呢？是无时无刻讨厌着对方。但想想看，这又能给双方带来什么好处呢？
- 要怎么做才能平息争吵呢？可以试着改变说话方式，承认对方的立场也有好的一面，并且将这个想法传达给对方。
- 想办法给对方一个台阶下，或者自己找一个台阶下，若双方都明白对方想退一步的话，往往会产生好结果。

第四章
知人善任

　　用人，是领导工作的核心，而知人则是领导用人的首要环节。领导用人，先要了解他的优点与长处，再安排他到适当的岗位上去，这样才能实现人与事的最佳组合，达到知人而善任。一个人只有处在最能发挥其才能的岗位上，才有可能把自己的能力全部发挥出来。

　　知人善任是领导者必备的用人艺术，不同的人在智力、体质、性格、学识、专业经历、品德、志向等方面存在着很大的差异，要想最大限度地发挥人才的作用，就必须遵循先知人后善任的规律。只有这样，才能做到用人所长、用人所愿、专才专用、偏才偏用、大才大用、小才小用，真正实现人尽其才、才尽其用。

一、用一流的人才，成就一流的事业

工作能力强、有一技之长的优秀人才，是最能帮助领导者成就事业的人。如果身边有这样一些能人，并且能用好这些能人，这样的领导者就是能人中的大能人了。英国物理学家牛顿说过："我之所以取得令人瞩目的成就，是因为我站在了巨人的肩膀上。"同样，善用一流的人才就等于站在了成功的起点上，更有利于领导者成就一番事业。

1. 择一流的下属，当一流的领导

一流的下属，成就一流的领导。这是一条领导用人上不成文的定律。

如果我们把能力、经验、行为和工作态度列为总分为十分的评分表，那么，得分七分的人就是平庸或能力不足的。

如果一个部门的主管是七分，那么他就只会聘用能力只有五分的员工。因为五分的员工处处都是，并且较好控制，不会挑战他的能力、权威，而月薪也比较低。同样地，五分的主管只会选择三分的员工。

但能力评分得十分的主管就会选择十分的员工，不会选择七分的员工。这样的领导者充满信心、能力杰出，是工作团队的灵魂人物，他们在招募和训练新进人员上花的工夫，就和他们做其他工作一样多。他们不怕人才，只怕员工平平庸庸，得过且过。

若想成就一流的企业或部门，成为一流的领导者，就应该遵循上面的定律，选择一流的下属，与一流的人才合作。当然，一个组织不可能全是一流员工，领导者应把更多的时间与精力花在最杰出的员工身上。这样的做法可能与习惯思维下领导者应该"一视同仁""一碗水端平"的说法不一致。但领导者若只顾照料惹麻烦的员工，花太多的时间在能力不足的员工身上，这样的投资回报率就太低了。这如同在股市面临两种选择：把钱投资在高获利的公司上和投资在低获利的公司上，你会做出什么样的选择？道理不言而喻。

2. 充分发挥有成就欲者的才能

在组织中，往往有一些成就欲很强的人，他们总是追求崇高，渴望成功，而且具备成功的各种素质，聪明能干，自信自强，具有不凡的创新意识和勇于创新的胆识。这种人不论做什么事，总是竭尽全力，而且一般都能完成得非常出色。他们喜欢设定特殊的目标，同时也能圆满达成这些目标。时间的紧迫，外界的干扰，个人的挫折或情绪的变化通常难以影响他们优异的表现。他们勇于接受挑战，对越是没人能干、敢干的事，他们越是有干好的欲望。

> 成就欲很强的职员可以说是组织的一大资产。但就像拥有一块玉石，想把它雕成一件玉器珍品，一样，要管理好这类人，并能最大限度地发挥他们的能力，是一件极为不易的事。

正因为这些成就欲强的人是一个特殊群体，和他们的特殊才能相映衬的是他们的特殊心理、特殊处世方式以及特殊的个性。他们可能自以为是，相当自负，不会轻易改变自己的观点；他们可能从来不愿受人操纵和支配；对待领导，他们也不喜欢那种指手画脚的命令——虽然他们更注重内容，办事也讲实质，但也很注重自己的形象，要求别人尊重他们的形象。他们最在乎的是别人的认可，最希望得到的是领导的信任。

对于这些有卓越成就欲者，领导者们容易犯一些错误，陷入一些管理误区。有些领导者怕出乱子，不会轻易放手让他们大刀阔斧地干一番；也有些领导者好嫉妒，总感觉这些人是对自己的一种威胁，他们的能干会衬托出自己的无能，所以想方设法地压制他们，不轻易给他们机会；还有些领导者有着强烈的支配欲，想方设法要体现自己的地位，软硬兼施地企图控制他们。

显然这些做法都不能使这类人充分发挥他们的聪明才智。其实要驾驭一个人，最有效的办法就是设法让他知道你了解他，并能满足他最需要的，同时毫不留情而又妥当地指出他的不足，这时你就能处于一种积极主动的位置。

首先，可以试着给他们一些特别，而且尽量高一些的指标，这会让他们感到一种信任和挑战；其次，限定完成的日期，这是必要的压力，让其充分发挥才能；再次，能给他们一些特殊优惠、特殊的权力，这是一种特别的重视，这就更能激发他们的斗志。在平时要给他们发表自己的观点的机会，但也应冷静地指出他们观点中的不足。在工作中不要忘了经常对他们的出色表现予以及时的诚恳的赞扬。

此外，如果组织的薪金制度不合理的话，也是个大问题，因为这类人也希望得到相应的报酬，否则他们会感到这是一种不信任，似乎自己没被认可。因此领导者还应根据具体情况，制定合理的薪金制度，确保充分发挥有成就欲的员工的才能。

3. 善任你的下属，用人用其长

领导者要做到"善任"，可先从发挥下属的作用入手，根据需要任用人才，人事相宜。因为用人的目的是为了让他出色地去完成某项工作。如果领导者不注重下属应完成的具体任务，而把注意力放在计较他的缺点上，特别是过多地去议论那些与要完成的工作无关紧要的缺点，这样任用人的标准就失去了合理的依据，进而使一些与工作无关的次要因素上升为衡量的标准，甚至可能使这种"附加条件"成为可以按个人好恶任意伸缩的框框，限制或埋没很多可以出色完成任务的人才。

因此，要善任就决不能依人论人，而必须依事论才，按需任才。领导者在用人之前，首先应根据组织要完成的工作任务的性质、责任、权限及完成这项任务的人员所必须具备的基本条件等因素，认真加以分析，提出明确的要求。其次，结合下属的特点和长处分别加以任用。

事业为本，人才为重，人事相宜是"善任"的重要原则。领导者要真正做到"善任"，首先应该从事业的全局出发，充分考虑人才的具体特点，把他安排在适当的岗位上——假如不把人才用到最能发挥其作用的地方，那对人才就是一个压制，对事业就是一种极大的损失。

每个人的长处和才能都有其特定类型。有的擅长分析，有的精通财务，有的善于交际。特定类型的才能应与特定的工作性质相适应。工作对人的要求不同，才能与职务应该相称。给予下属的职务应最有助于其发挥自己的优势。职务要根据他们的才能和工作所需结合而授，叫"职以能授"，这样，人尽其能，工作起来自然积极，管理起来必然高效。

当然，用人所长并不是对人的短处视而不见，更不是任其发挥，而是要做到具体分析，具体对待。有些人的短处，说是缺点其实并不完全准确，因为短处天然就是和某些长处相伴而生的，它是长处的一个侧面。这类"短处"不能简单地用"减法"消除，只能暂时避开，关键在于怎样利用它。用得适当，"短"亦即长。

领导者不仅要熟悉下属的长处，而且还应帮助下属认识自己的长处和优势，从而使下属对自己的工作充满信心。

> 一个高明的领导者，其高明之处就在于明确了下属必须承担的各项责任之后，授予其相应权力，从而使每个员工都能各司其职，各尽其责。

领导者一旦确信自己已经把最合适的人安排在合理的位置上之后，就应该授予他相应的权力，充分发挥他的主动性和创造性。这样，才能使他以极大的热情完成任务。

二、赛马于疆场：择人的科学之途

信息时代，国与国、地区与地区、企业与企业间的竞争无处不在，其法则是优胜劣汰，适者生存，其实质却是人才的竞争。事实证明，在激烈的人才竞争中选贤任能，是"赛场比马"的办法，让那些真正出色的人才在竞争中脱颖而出。

没有竞争就没有人才。对于组织的领导来说，要给每个人一个竞争空间，在组织内建立一种竞争机制，开辟一条稳定的选才渠道，按德才与政绩决定升迁，这才是"赛场比马"的最高境界。

1. 在竞争中挑选"千里马"

招聘员工时领导不能一律吸收，应采取优胜劣汰制，方能选出更理想、更适合的工作人员。否则就会降低工作效率，适得其反。领导者不妨实行以下两种方法聘用临时员工。

◇ 考试竞赛

通过一定程序的考试和竞赛来聘用人，是我国传统的聘人方法。考试在大面积发现和识别人才上，不失为一种比较奏效的方法，至今各国都采用考试办法发现人才。许多国家组织内部也建立了一套严格的考试制度，把考查和选拔人才作为一项经常性工作，确保优秀人才脱颖而出。考试本质上也是一种竞赛。竞赛不仅是人才成长的加速器，而且也具有择优汰劣机制，所以它可以通过"筛选"发现人群中的杰出者，使被埋没甚至被世人瞧不起的人才脱颖而出。但是，考试竞赛方法本身也是有局限性的。利用考试办法并不能测试出人的智能的全部要素。

美国心理学家吉尔福特的研究指出，人的智力要素可以分解为120种，而目前能够测试的只有98种。也就是说，有22种智力因素是无法测验的。

所以，领导者使用考试竞赛法识选人才时，必须结合使用其他方法才能有效。

◇ 实绩考评

实绩考评是指领导者对临时雇员的工作成绩和服务情况做定期的考核与评价，以便鉴别优劣，挑选人才。把考评实绩作为检验"良马"的标准，是一种有效的方法，尤其在当今世界各国（特别是发达国家）的企业人事管理过程中备受重视，一般一年进行一次，有的组织甚至半年进行一次。考评的结果直接与临时雇员的升迁挂钩。通过定期对"良马"履行责任情况进行严格考查，坚持以工作实绩为依据，优秀者上，称职者留，平庸者免，有过者撤。不允许任何人尸位素餐，防止那种"赛完了，就坐吃待收，睡大觉，啃老本"的现象存在。

> 在考评实绩这一客观标准前，那些"赛前拼命干，赛后劲减半"的人员，再也没有安然自得的"逸致"了。只有这样，才能保证赛出的"马"在升降制度中，保持着一种不断进取的精神。

2. 择人新法：相马不如赛马

海尔集团奉行"人人都是才，相马不如赛马"的选才原则，因此，海尔的用人机制是"赛马"而不是"相马"。

中国人把能够发现人才的人叫伯乐，"伯乐相马"的故事古往今来也被传为佳话。人们总是希望"伯乐"越多越好，对伯乐寄予很大的期望。但是，在今天的社会生活中"伯乐相马"也有缺陷。

①马多伯乐少。那么多的"马"都要少数的伯乐来相，伯乐应接不暇。于是有许多好"马"因为没有机会让伯乐相上一相，而永远不可能被发现和重用。

②只靠伯乐个人素质来判断，有时也会失误。伯乐是人不是神。任何一个人都会受到知识、经历、素质的局限，人们总有自己的性格和偏好。特别是现代社会发展得这么快，伯乐也有走眼的时候。

③在实际生活中，马也可能欺骗伯乐。久而久之，"马"也研究伯乐的相马术，知道他喜好什么，厌恶什么，提倡什么，反对什么，于是"马"可以在伯乐的面前故意做出他喜好和提倡的样子。可见伯乐相马总逃不出"人治"的局限。

④"相马"的机制要不得。在新的时代，我们需要建立"赛马"机制，让所有愿意贡献并有才能的人得到晋升，为社会做出更大的贡献，我们这个社会才有进步。让所有对社会有贡献的人，得到应有的精神上的和物质上的回报，他们才会倾其所能努力工作。

领导的艺术性之一就是善于激励人：用愿景（美好愿望和远景）激励使人感到有"奔头"、用正确评判激励使人感到很公平，用榜样激励使人感到有参照，用荣誉激励使人感到受尊重，用逆反激励使人感到有压力，用许诺激励使人感到一诺千金的分量，用物质激励使人的物质需求得到满足、用感情激励使人感到温暖、用晋升激励使人更加严格要求自己，用危机激励使人居安思危求奋进。

一个组织事业的成败靠的是人，谁有高素质的人才，谁就可能在竞争中获胜。组织的领导者的任务不是去发现人才，如果今天培养一个张三，明天考虑一下李四，这样就本末倒置了。领导者的职责应该是建立一个可以出人才的机制，就是营造一个"赛马场"，通过人才机制来发现人才，产生人才。对一个组织来说，领导者建立这种机制，比亲力亲为去发现人才更重要。

> 要成为一个成功的领导者，一方面是要有卓越的工作能力和竞争意识，努力使自己的愿望变成现实；另一方面则要有高超的驾驭下属的能力，这样使每一个下属都人尽其才，才尽其用。

不要整天为笼络不到能够促进团体发展与进步的人而忧心忡忡，也许有不少有能力的人就在你的下属里面，如果能够将其潜力善加挖掘，他们的能力就会很好地发挥出来。

战国时期为信陵君窃得兵符、败退秦军的侯嬴就只是城边的一个看门人。不要以为那些整天沉默不语、几乎找不出一点儿优点的人就一无是处，关键还在于你的塑造和点拨。

人们都知道，充满斗志和士气的单位，具有化不可能为可能的神奇力量。这其中起决定作用的自然是领导。一个好领导通过自身的言传身教，最终能把手下的一帮人改变过来。好的业绩不但能使员工增强信心，向越来越高的目标发起挑战，而且为了保持曾经达到的水平，员工也会更加努力，激发出潜力。这等于是在无形之中提高了员工的工作能力。

然而，在一个没有干劲的组织里，则会出现与上述局面相反的情形。那里的人们会争先恐后地把失败归罪于他人，根本谈不上配合。无论什么样的批评，即使是极其善意的，也不会被虚心接受，更没有人会对此进行认真思考。在这种氛围之下，人才怎么可能得到成长呢？组织只会陷入业绩日趋跌落，员工信心丧失，互相推卸责任的恶性循环之中。

> 要想管好人、带好人，建设一支活力充沛的队伍，领导者就必须卓有成效地激发属下的潜能和干劲，使之形成一种协调有序、竞相发展的整体氛围。

由于机会有限，或个人性格差异，有些下属常常不敢或没有机会表现自己。这就要求领导善于观察，为下属创造机会，鼓励下属小试牛刀，使他们的各方面才能充分体现，这样识别了众人之长，再派以适当职位，组织效率准会大大提高。

人的干劲和潜能是无限的，应创造条件让其尽情发挥。只要环境条件适宜，属下的才能就会生根发芽、开花结果，取得更大的成绩，促进自身改变，变成更加理想的人才。就像一块粗坯，在不懂的人眼里只是一大块废物，而在慧眼识玉、技艺高超的工匠手下，它会变成晶莹剔透、惹人喜爱的美玉。是美玉还是废物，关键在于领导者的手法。

3. 要给予人才争强抢先的机会

用人中竞争的目的是为了人尽其才，促进事业的发展。为了达到这一目的，必须为每一个下属提供各种竞争的条件，也就是工作进取的条件，尤其是要为每个下属提供争强的机会。这其中包括以下几类。

①尽才机会。即安排适宜的工作、对口的专业、便利的工作条件、较好的工作配合。

②失败复起机会。工作失误或失败以后，要尽量提供"东山再起"的条件，以激励其总结经验，吸取教训，使其更加努力。一个不怕失败的能人比一个不失败的庸人更有用处。

③进修机会。即在工作中为下属提供学习时间、费用及其他条件，使其在知识更新中不断得到补充，以不断增强其工作能力和竞争能力。

④进取机会。即使其在胜任现职工作的基础上，在职务上、学业上能够有所上进，为其一展宏图创造条件，为其实现伟大抱负铺好台阶。

在给予争强机会时，必须注意三个原则。

一是短项原则，即机会均等原则。即不仅在竞争面前人人平等，而且在提供竞争的条件上也是人人平等。这些条件包括以下几个方面：

①经济条件。凡是工作、科研或学习所需要的费用以及其他必要的开支一律平等对待；凡是在事业上有发展，工作中取得成果的一律根据其相应的效益给予应得的奖励和报酬。

②政治权利。作为公民，毫无疑问，员工应享受宪法规定的同等的权利；作为职工，员工也应享受单位规定的各种权利，例如，工作权、决策权、建议权、学习权以及选举权和被选举权等。

③选择机会。即在选择时要保证有统一的尺度，也就是要讲求真才实学。在这一尺度面前，一切关系、门第、地位等都应驱逐出列。

二是因事而予的原则。社会中职业众多，竞争内容十分丰富，因此不缺争强机会。而一个单位中的职业有限，事业单纯，争强机会只能随事业发展需要而定，领导者虽然应为下属的前进铺平道路，但是也应在既定方向上因事而予。

三是连续给予的原则。在给予机会时，不能"定量供应"，也不能"平等供应"，尤其不能"按期供应"，而必须是在事业发展的过程中，设立一个一个"里程碑"，同时设立一个一个"加油站"，使其每完成一项奋斗目标以后，接着就能接到另一目标，同时也能获得"能量的补充"。从而，使部属在任何时候都能相应地获得进取的机会和条件。

三、因事用人，以能职匹配为中心

从事一切领导活动的根本目的，就在于实现预定的管理目标，把事情办好。但我们经常可以看到，在一些单位里机构臃肿，人浮于事，使领导者大伤脑筋。而造成这种效率低下的原因，在于领导采用"因人设事"的领导方法。各级领导者唯有按照"因事而设人"的思维轨迹去指导和制约用人选择，才能在用人上取得大的突破，从而达到人事相符，人尽其才。

1. 因事用人：避免人才浪费

所谓因事用人原则，是同"因人设事"针锋相对的一条用人原则。它是指在用人行为中，领导者必须根据领导管理活动的需要，有什么事要办就用什么人，决不能有什么人就去办什么事。显而易见，确立因事用人原则的根本宗旨，在于极俭省地利用人才资源，避免人才浪费。

如果光从字面上去理解因事用人原则，似乎它的含义十分简单明了，浅显易懂。然而，要想成为一个精明的领导者，仅仅知道这些浮浅的表层意思是远远不够的。为了更好地掌握高超的用人艺术，我们还应该进一步了解它的深层含义。下面，我们就从人才管理学的角度，对因事用人原则试作更为全面的阐释。

应该说，因事用人原则，至少包括以下五方面的含义。

◇ "事"，是一个目标概念

组织中的每种"事"，它既包括现代管理活动的总目标（整体规划），又包括在这一管理过程中的各个分目标（局部规划）。倘若将整个管理活动用一条清晰的轨迹线条描画出来，就不难发现，指向各个分目标的运行轨迹，和指向总目标的运行轨迹，在方向上、路线上是完全吻合的。这就意味着，根据管理活动的总目标（整体规划）制定的各个分目标（局部规划），没有一个是多余的，或者是起反作用的。领导者只要严格按照管理活动的总目标以及各个分目标的要求来物色各种人才，就可以断定，你所选用的下属，肯定没有一个是"多余的人"。

> 按照目标要求来物色人才，概括起来说，就是在德才两个方面应该具备实现目标的能力：德优——确保运行轨迹不偏向，不失控；才高——能够出色完成任务，攻克"堡垒"。

◇ "事"，又是一个"质"与"量"的概念

当领导者每天早晨走进办公室时，他首先考虑的就是："今天有多少事要办？""这些事好办吗？"然后再根据事情的数量（有多少事）、质量

(难易程度），来物色相应的办事人员。这一事实提醒各级领导者：所谓因事用人，在某种意义上说，就是根据管理活动对"办事"的数量要求和质量要求，恰到好处地选用各类人才。具体来说，在事与人之间，应该保持以下各种相对应的关系：

- 事多——增加人数，或者提高人"质"（用能人）；
- 事少——减少人数，或者降低人"质"（用常人）；
- 事难——提高人"质"（用能人）；
- 事易——降低人"质"（用常人）；
- 事既多又难——既增加人数，又提高人"质"；
- 事既少又易——既减少人数，又降低人"质"。

唯有这样，领导者才能做到极"俭省"地利用自己管辖的有限人才资源。

◇ "事"，还是一个时空概念

它既包括各个不同时期需要办的事（近期、中期、远期规划），又包括各个不同的地点（环境）需要办的事（甲单位的事、乙单位的事、中国的事、外国的事……）。这些不同时空条件下需要办的事，分别向领导者提出了不同的用人要求，因事用人，就必须根据这些不同时空条件下需要办的事对人才提出的不同要求，因事制宜地选用最合适的人才。

在通常情况下，不同时空条件下的事与各种不同内在素质的人之间，应该保持以下相对应的关系。

- 实现近期目标——选用具有脚踏实地、埋头苦干精神，果断、干练、有创见，能领会领导意图的人才。
- 实现中期目标——选用具有一定战略眼光，既能透彻了解本地区、本单位的局部情况，又能看见周围地区的发展形势，有胆、有识、敢想敢干的人才。
- 实现远期目标——选用立志高远、目光远大，具有较强宏观思维能力，能够预测客观事物的发展趋势，同时又具有坚韧不拔、百折不挠的气质，能够广泛团结群众的中青年人才。
- 办小环境的事——选用熟悉本地区、本单位的情况，具有一定专业知识和业务能力，在群众中享有较高声誉的人才。

● 办中环境的事——选用不仅熟悉本地区、本单位的情况，而且还了解与本地区、本单位有关的纵横系统的情况，具有较高专业知识水平和业务能力，有头脑、善交际，能够在比较复杂的情况下独立处理问题的高势能人才。

● 办大环境的事——选用能够看清时代前进的方向，有坚定的政治立场和远大的理想，熟悉国内外各个地区、各个层次的不同情况，具有很强的工作能力，懂外语、善交际，能够从容应对各种意想不到的复杂局面的杰出人才。

上述选才标准并不是一成不变，它将随着时空条件的改变不断进行必要的调整。通过这种调整，领导者就能在动态变化中，保持不同时空条件下的事与各种不同内在素质的人之间的相对应关系，从而做到"为适当的事选择适当的人"，最大限度地提高人才效益。

◇ "事"，也是一个速度概念

在领导者需要处理的各种事情中，有的是可以暂时"放一放"的缓事，有的却如同火烧眉毛，是必须马上去办的急事；有的属于经常遇到的规律性事件，有的却属于偶然遇到的突发性事件……这些不同类型的事情，分别对办事者提出了不同的速度要求——不仅要保质保量地办好事情，而且还必须在限定的时间里，以最快的速度办好事情。

在许多情况下，尽管下属办妥了事情，但由于速度太慢，超过了时限，结果也就失去了办事的意义。在激烈的军事斗争中，上级领导命令士兵在下午5时以前必须拿下敌人的高地，倘若士兵超过了限定的时间，就有可能贻误战机，导致整个战局的失败。在紧张的外贸活动中，按照合同规定，这批货物必须在某一限定的期限运抵对方口岸，稍有延误，就会受到相应的经济惩罚。此外，农业生产、交通运输、货币流通、外事活动……在各级领导者处理的各种大事、小事中，哪一件不"夹带"着速度要求呢？有的事情，甚至对完成速度提出了极严格的要求：既不能拖后，又不能提前，必须一秒不差地准时完成。

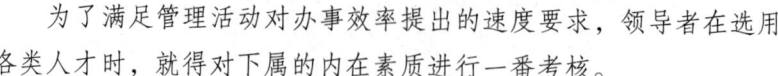

为了满足管理活动对办事效率提出的速度要求,领导者在选用各类人才时,就得对下属的内在素质进行一番考核。

一般来说,办事速度和事情的难易程度关系很大,因此领导者在考虑办事的速度条件时,完全可以结合事情的质量条件(难易程度)一起来考虑。但是,在某些特定的条件下,领导者也必须审慎地根据管理活动对办事的速度要求,因事制宜地选用最合适的人才。在事与人之间,应保持以下相对应的关系:

- 办急事——选用胆大心细、果断干练的人才;
- 办缓事——选用细致耐心、稳重老练的人才。

◇ "事",更是一个属性概念

"事"的属性是指:究竟是有助于实现目标之事,还是无助于实现目标之事;是"分内"之事,还是"分外"之事;是好事,还是坏事。

领导者在组织管理活动中,每日每时都会遇到各种错综复杂的情况,需要妥善处理各种大小不等的事情。这些事情,有的是领导者主动找来的,还有的是不请自来的。

从理论上说,一个有效的领导者,只需根据事情的本质属性,集中精力办好有助于实现目标之事就行了,对于无助于实现目标之事完全可以置之不理。然而,在具体实践中,问题就不那么简单了。

在领导者每天都要处理的大量不请自来的"分外"之事中,有的属于上级主管部门"催办"的毫无实际价值的事情,有的属于各个兄弟地区和单位主动找上门来"求办"的多余的事情,还有的纯属达官贵人、亲朋好友、三亲六故走后门"托办"的私事。

对于这些事情,办了,未必对实现目标有益;一概不办,有时也会削弱与上级主管部门和兄弟单位等的协调关系,对实现目标产生有害的消极影响。于是,作为一种策略,或许也是一种艺术,一些精明的领导者便对这些形形色色的"分外"之事,分别采取应付、拖延、周旋、搪塞乃至拒绝等各种处置方式。而在处理此类事情时,选用怎样的办事人员也就成为让领导者颇伤脑筋的一件日常"工作"了。

所以，从这个意义上说，因事用人，就是指领导者在选用人才时，应该根据各种事情的不同属性，选用最适合办理某一件事情的下属。在正常情况下，领导者办理有助于实现目标之事、"分内"之事和好事，自然应该选派本地区、本单位的骨干和主力，将最优秀的人才个体和群体投入到此类工作中去。至于对那些无助于实现目标之事、"分外"之事和坏事，则完全可以置之不理，或者只派少数一般人员去处理。然而，在特殊情况下，领导者也应该酌情选派头脑清楚，反应敏捷，擅长"周旋"的下属去从事这种工作，从而有效地维护整体和全局的利益。

以上五个方面，是全面理解因事用人原则的认识基础，也是这一用人战术原则的主要内涵。

2. 因事设人的领导智慧

在一部分办事效率很低的单位里，机构臃肿，人浮于事，往往使领导者伤透脑筋。尤其令人头痛的是，那些空闲人，并不满足于没事干，而是唯恐领导者看到他们闲着。因而总是争着找事干，结果，许多毫无实际意义的会议、报表、材料、总结、讲话、指示便应运而生了。在这种虚假的、徒劳的忙碌之中，很多有才华的下属的宝贵年华便白白地被浪费掉了。

按照由人到事的思维定式来考虑问题和处理问题，必然出现以下各种常见的用人弊端：

- 要办的事找不到合适的人；
- 一部分闲人在干着多余的事；
- 无用之才出不去，有用之才进不来；
- 机构臃肿，人浮于事，内耗太大，效率降低；
- 最终影响管理目标的顺利实现。

造成这些用人弊端的根源，在于领导者因人设事的管理方法。

确立因事用人谋略的思维定式，是由事到人，而不是某些领导者所习惯的由人到事。

从事一切领导活动的最主要的目的，就在于实现预定的管理目标，把事情做好。为此，当然要讲究用人。用人仅仅是一种手段，决不是从事领导活动的目的。组织的各层管理者只有根据由事到人的思维去指导和制约用人抉择，方能在用人实践中做到以下几点。

①根据目标管理的需要，分析自己面临的各种事情。

②为各种必须办的事情挑选最合适的人选。

③凡是本地区、本单位紧缺的人才，通过各种渠道，采取各种方式，从外地区、外单位（甚至从国外）大胆引进。

④凡是各部门多余的人才，在征得本人同意的基础上，应根据其专长特长——素质条件，及时交流到最能扬其所长的部门去工作，绝不照顾使用或养而不用。

由此可见，因事用人谋略，是各组织必须认真研究、灵活运用的一条十分重要的用人谋略，在具体实践中，势必显示出它旺盛的生命力。

3. 一职一官，一官一职

现代科学管理的代表人物法约尔在他著名的《工业管理与一般管理》一书中，在谈到"统一领导"管理原则时说："这项原则表明，对于力求达到同一目的的全部活动，只能有一个领导人和一项计划，这是统一行动、协调力量和一致努力的必要条件。人类社会和动物界一样，一个身体有两个脑袋就是个怪物，就难以生存。"这位20世纪现代管理学鼻祖在用人问题上的论述是如此的精辟！

我国公元前3世纪伟大的思想家韩非子关于如何用人也有过精辟的论述。韩非子主张在选用主要管理者问题上，要求一职一官。他认为，想要管理好朝廷以外的事，最好每个官职只设置一个官员。

首先，他认为一个鸟窝如果有了力量相当的两只雄鸟，它们就会天天争斗；一个家庭如果有两个当家人，那么，做事就难以决断。"一职二官"和"一栖两雄""一家二贵"也一理同然。

其次，他认为下属的忧患，在于不能专任一职。原因何在？因为一职多官，责、权不明确，必然互相扯皮，下属的潜力无法得以发挥。同时，一职多官，难以考核下属的个人业绩，而且功过难分。这样，就难以激励下属建功立业的积极性。所以，下属反对一职多官。如果每个职位只配置一名官员，那么，他的是非功过就会清晰显现出来。一职一官，责任明确，从而功过分明。而功过分明，是实行准确赏罚的前提。

可是，在现实的管理过程中，一栖两雄，一家二贵，一个身体有两个或多个脑袋的怪现象，却不胜枚举。在一个领导无方、管理混乱的组织中，有一名正职，又有若干名副职。正职和副职之间又非上下属关系，而是同一班子的成员，一人有一票之权。这样的人事安排真是有百害而无一利。

首先，机构臃肿，管理层次增加，官僚作风盛行。在一个组织中，常常是过多的副职，管事不多，且相互扯皮。

其次，同一管理层次上，官越多，纷争也越多。官多，必然遇事层层审批签字，这样办事程序复杂，效率也自然低下。而且在这些"官员"中，一旦有一人来一个"肠梗阻"，那么，好事也没法办成。

再次，官多又必然争雄。好办的事，有名有利的事，人人争着揽；反之，有困难的事，无利可图的事，有风险的事，尤其是风险大的事，就互相推诿，互相"踢皮球"，谁也不想染指，更不愿意负责。

当然，强调一职一官，也要强调一官一职。也就是"一人一职，专职专任，不兼职，不兼事"。一个职务的管理者，已具有具体的职责范围，最好就不再去兼任其他职务。尤其是领导者在使用下属管理者担任了一种职务后，或领导者已承担了相应的岗位职责后，就不宜再去兼管与本职务无关的其他工作。对一官一职，我们的理解应该是：领导者在用人时，应该使下属的职、事互不干扰，这样，下属之间就不会产生矛盾、冲突、内耗；应该使下属管理者不兼任其他管理职务，做到专司本职，这样，他们的管理才能和成效就会与日俱增。

一人一职，有利于管理者集中精力抓好本职工作，能保证管理的各个环节都有专人负责，使管理这架机器能正常、顺利地运转。然而，在现实生活中，管理者一人多职现象随处可见。这样的组织管理体制，势必出现若干管理环节是"卡壳"的现象。表面上看，似乎各个管理环节都有人员负责，实质上往往一些环节处于几乎无人负责的境地。这种组织结构使管

第四章 知人善任

理者超负荷运转，力不从心，疲于应付，导致所兼职务的工作难以做好。这样的用人之道，是现代企业管理者人事安排之大忌。

4. 能职匹配，才尽其用

因事设人，从根本上讲是人才能职匹配，从而避免领导用人中人才浪费或庸人执事。

◇ **授任必求其当**

古人曰："君子所审者三，一曰德不当其位，二曰功不当其禄，三曰能不当其官，此三者乃治乱之原也。"由此而知，能当其任是任人的重要原则，是因事择人的首要前提。

"用人必考其终，授任必求其当。"此处所指之"当"讲的就是以下两方面的内容。

①用人必求适位。每件事都有不同，每个人又各有所长，任用人的要点，必须使人的长处适应事的需要，才能使事业得人。

唐朝的武则天有一次问狄仁杰："朕欲得一贤士，卿有何看法？"狄仁杰说："不知陛下需要什么样的人才？"武则天说："朕欲用将相之才。"狄仁杰说："荆州长史张柬之是天才，可以任用。"武则天于是任命张柬之担任洛州司马。过了几天，武则天又求贤，狄仁杰说："臣已推荐张柬之，怎么还未任用？"武则天说："朕已经提拔他任洛州司马！"狄仁杰说："臣向陛下推荐的是宰相之才，不是司马之才！"武则天于是又把张柬之提拔为侍郎。后来又任用作为宰相。

就选贤而论，不能说武则天无任人唯贤之德，但是，就能当其位而言，武则天则无任人之明了。而恰恰在这点上，狄仁杰却自有高明之处，即宰相之才不可任为司马。

②"制器必用良工。"欲使能当其位，必用"精术"之人。因为，同为"胜任"，有两层含义：一方面是"完成任务"；而另一方面却是"卓有成效"，其中包含"很有创见"。人们所希望的当然是后一方面，而要实现此目的，非得"良工"不可，即非精于此道而具高超技能者不可。

要做到上述两个方面，必须要做好两项工作，即**职业分析和因岗选人**。

所谓职业分析，是指对每一个职业所需要的能力的种类、分量及其气质特点进行鉴别并做出明确的规定。人事心理学认为，不管哪一项工作，不仅需要与之相适应的一般智力水平，而且还需要与该工作性质相符合的某些特殊能力。这些特殊能力，主要是指某些动作能力、语言能力、想象能力和判断能力，等等。不同工作所需特殊能力不仅在种类上有差异，而且在分量上也不同。除此之外，一定工作还需要一定性格与气质的人来担当。比如，要求小心细致的工作，适合选用抑郁质或黏液质的人；需要广泛交往、活动性强的工作，适合选用多血质的人。职业分析的目的在于确定每一项工作需要能力的种类与水平，以及相应的性格和气质，以作因事择人的依据。

所谓因岗选人，是在职业分析或岗位分析的基础上，制定各岗位人员的选聘标准，并以此挑选合适人才。选聘标准包括个人品质、专业水平、文化程度、性格、能力、经验、年龄、健康等方面。不同的岗位采取不同的任用形式，选任、委任、聘任或考任，从而选择出所需人员，以满足工作需要。

◇ 授任应避免"功能过剩"

能职匹配，一方面要考虑是否胜任其职，另一方面要防止"功能过剩"，即避免"大材小用"。因为，"大材小用"势必造成一个人能力的部分浪费；势必造成"高位"无才和"低位"人才堆积的情况；势必挫伤被"大材小用"人员的积极性，使其"骑马找马"，另图高就，难安其心。

那么，如何避免功能过剩呢？

①任人标准不可贪求太高。任人标准假如超过实际需要定得太高，则必然使人望而止步，必然使人们对职业估价太高。虽然这对一部分进取心、事业心较强的人是一种"带挑战性"的有趣工作，但是，如果人才就职后，发现其"轻而易举"，毫无进取可能，必然会另图他就。比如，很多企业招聘时，列出了"本科毕业，英语六级以上……"等条件，实际工作可能并不需要这些能力。当然，我们并不反对严格用人标准，只是提醒领导者要考虑现有的客观条件和客观实际需要，否则必然会有违因事择人

之初衷。

②任人标准不可过分武断，而应带有一定的"弹性"。因为，过分武断会使人增加压迫感，尤其是一些对自己能力估价不足的性格内向者，更是望而却步。正确的做法是把任人标准据事之所需，分为必要条件和参考条件两种：必要条件就是从事某种工作不可缺少的必备条件；参考条件即是有之更好，无之也可的条件。

在备选人员较多的情况下，必要条件则可高一些；反之，则可低一些。不过，也必须以"胜任工作"为原则。

③取消一切不必要的标准。添加不必要的条件和标准，在客观上缩小了备选人员范围，增加任人的难度，实为画蛇添足，多此一举。例如，要求一位市长精通农业耕作；要求一位经理熟悉文学创作；要求一位电工具有较强的口头表达能力，则无必要。尽管要求市长精通耕作，经理熟悉文学，电工精于演讲其实也不是坏事，可是如果真的列为任人标准，恐怕能胜任者也就减少了。

有人说："要想熟练地进行加法，必须精通乘法。"借此强调知识面放宽对胜任工作的重要性。不可否认，放宽知识面对于工作确有一定的积极影响，可是，进行加法，则未必一定要精通乘法，如果真的精通于乘法，那最好的办法是将其从"加法"岗位调至"乘法"岗位，否则，会有"大材小用"之虞。

◇ **用人应考虑负面条件**

能职匹配，除要考虑人才与职位相适应的条件以外，还应考虑其负面条件。所谓负面条件，就是指与某种职业特点不相适应的条件，比如，某项工作中若附带不少额外的琐碎细节，就不能挑选一名很有创意的人；如果这件工作还必须长时间接听一些抱怨性质的电话，就不能挑选一个脾气火爆的人。

工作负面条件的产生，往往是由其自身特点决定的。例如，市长工作稍有失误，就容易遭受市民的指责甚至谩骂；一个物资分配计划员，常遇到贿赂的考验等。也有的是由他所扮演的角色冲突造成的。所谓角色，是指在特定的社会形态中,处于某个特定的位置时某人所执行的职能。当一个人同时处在几个互不相容的地位时,或当一个角色面对几个互不相容的期望时,就产生了角色冲突。而当一个人担任某项工作职务以后,他在社会上就扮演了至少两个以上的角色。比如,一个地质勘探队员,同时又是一个孩子的爸爸、一个妻子的丈夫,这三个角色之间的冲突就暴露了地质勘探工作的负面条件,即长年在外而不能顾及对孩子的教育和对妻子的关爱。

不管哪项工作都有其负面条件,无一可免。对于行政领导工作,除了需要较强的组织能力、管理水平及联系人民群众的作风以外,也有其容易浮夸、易于腐败等负面特点;对于军事干部,除了需要较强的指挥能力、果敢精神和刚勇之气,也有其伤亡可能性大、长年服役在外等负面特点;对于企业职工,除了要求有技术能力、业务能力、责任感以外,也有受机器"束缚"、听命于别人指挥等负面特点。所以,哪怕所择之人符合了事情的正面条件的要求,也有为负面条件所斥退的可能。

> 工作本身就是调整用人的杠杆,对于一切不适应需要者,必然要求排斥调整,但是,也还是以事先考虑周到,正面和负面条件皆有所虑为好。

四、与下属建立互信的人际关系

领导者要想发挥出下属的主观能动性和创造能力,关键在于信任,信任下属才能换回下属对领导者的信任,使下属产生快乐和满足的感觉,进而诱发出全力以赴的心情。因此,当领导者面对下属的时候,理应树立信赖他们的观念,以自己的诚心和人格魅力影响、打动下属,与下属产生心灵上的共鸣。

"士为知己者死",从古至今都是一样的道理。

1. 以信任诱发下属的工作热情

领导者只有充分信任部属，大胆放手让其工作，才能使下属产生强烈的责任感和自信心，从而焕发出积极性、主动性和创造性。信任即是一种有力的激励手段，其作用是强大的。

设想一下，在一个公司里，如果下属得不到起码的信任，其精神状态、工作干劲会怎样？假如公司职员情绪欠佳，精神沉郁，怨懑丛生，上下属关系怎么能融洽？这种彼此生疑生怨的状况，常是导致企业瘫痪的主要原因。

信任实际上也是对下属的爱护和支持。古人云："木秀于林，风必摧之。"特别是担当生产、销售、试验、拓展、探索者角色的下属，容易受人非议，蒙受流言蜚语的攻击，那些敢于直面领导错误提建议、意见的，那些工作勤勉努力、犯了错误会努力改正的，领导的信任是其最后的精神支柱，柱倒而屋倾。在此种状态下，领导者切不可轻易动摇对他们的信任。

领导者对下属的信任往往影响下属感受到的责任感，但生活中误解也常常发生，因此领导者对下属一定要坦诚。如果出现变故及不利因素，应该当面说清，不要在背地里议论下属的短处。对下属的误解应及时消除，以免积重难返。下属有了错误要指出来——帮助式的而不是非难指责式的。总之，与下属经常保持思想交流非常重要。

说到信任问题，其实它是两个彼此相处的人应该具有一个基本的和必要的要素。两个陌生的人在一起，彼此防范，没有什么信任。而一旦人们通过某种渠道互相认识、熟悉以后，彼此渴望的就是一种信任。互相看不惯的人很难有信任可言，嫌隙的存在是关系恶化的开端，离自己越近越亲的人，应该给其越多的信任。在一个企业里，副经理、部门经理之于总经理，一般职员之于部门主管，可称为手足或臂膀，理应得到更多的信任。如果领导者不给或给的信任不够多，都会影响他们的工作。在家庭生活中也是这样，夫妻两个人的关系应该说是再好不过了，但如果不给对方最多的、最大限度的信任，夫妻也可能反目为仇。

领导用人重在"信而不疑",既然选准了就要信任,大胆使用。领导者要有正确的用人态度,有清醒的用人意识,有坚定的用人信心。要谨慎对待各方面的反映,不因少数人的流言蜚语而左右摇摆,不因下属的小节而止信生疑,不要捕风捉影、无端怀疑。

> 在信任的程度上,领导者应该给予离自己最亲近的下属们以更多、更广泛的信任,因为这是他们非常需要的,一定要记住这一点。

2. 坚守"充分信赖下属"的原则

充分信赖下属原则,就是指在用人行为中,领导者应以"用人不疑、疑人不用"的精神,对下属予以充分信赖,以此来激发下属的积极性和创造性,从而达到努力获取最大人才效益的目的。

在领导实践中,领导者几乎每天都要接触下属,经常不断地向下属布置各种大大小小的工作任务。这既给领导者提供了熟悉、了解下属的理想机会,又给领导者提供了运用各种方式,巧妙地向下属表示信赖的绝好机会。如何充分利用这些天赐良机,进一步密切上下属之间的关系,尽力提高自己的凝聚力和感召力,就成为值得每个精明的领导者认真考虑的重要问题。

在用人行为中,充分信赖下属,通常包含以下多层含义。

◇ 领导者首先对下属信任

在建立上下属之间互相信赖、互相帮助的融洽关系时,领导者不应该等待下属信赖上级之后,自己再去信赖下属,而应该首先采取实际行动,以诚相待,主动向下属表示信赖。只有这样,领导者和下属之间才能建立起牢固的信赖关系。这是一条屡经验证的用人真理。

◇ 信任能打破上下之间的隔膜

在现实生活中,一些上级与下属之间往往存在着一定的隔膜。这种隔膜在上下级之间筑起了一道无形的墙。

信任能够冲破这道无形的墙!它的一条基本宗旨就是:在获得确凿证

据以前，领导者不应该无端怀疑下属。应该相信下属的能力，相信下属的热情，相信下属的诚意，相信下属的好心，相信下属的苦衷，相信下属的困难……

也许，在无数次的相信之中，领导者可能有一两次"受骗"；也许，在获取信赖的果实之前，领导者可能会付出一点代价。然而，只要能和绝大多数下属编织起一张互相信赖的友谊之网，即使领导者为此付出一点微不足道的代价，也是值得的。

◇ 信任是最有效的激励

向下属表示信赖，是确保用人行为取得成功的"廉价"动力。当下属对难关屡攻不克，处在再坚持一下就能夺取最后胜利的关键时刻；当下属因为工作中的失误，受到人们指责、非议，处在进退维谷的困难时刻；当下属身遭不幸，求援无望，处于极端悲愤和苦恼的痛苦时刻……此时，下属最需要的，就是领导者（组织上）对他的信赖。倘若领导者果真能够及时向下属送去他最需要的充分信赖，可想而知，这将对下属产生多么巨大的激励作用！

内涵丰富的用人原则，有时候也能用简洁的语言来表达。就某一具体的领导活动而言，充分信赖下属，就意味着领导者在下属接受任务时，应该让他感觉到领导者好像在对他说："我相信你能出色完成任务。"当工作进展到一半，突然遇到困难时，这句话又变成："放心大胆干吧，出了问题有我顶着！"到了最后完成任务的喜庆时刻，领导者还应该加一句："什么时候你再露一手？"

> 精明的领导者通常不会通过"语言"来表达，而是通过"行为"来显示。因为"听"到的东西往往不如"感觉"到的东西来得深刻，能打动人心，至少在这种情况下是如此。

◇ 以信赖取得下属的支持与尊重

充分信赖下属，通常是通过上下属之间的感情传递和心理满足来实现的。

要做到这一点，身处管理和支配他人的主导地位的领导者，就应该认真分析下属的心理活动,尽力满足下属的各种健康的心理要求。

在正常情况下,绝大多数下属在接触上级时具有以下共同的心理特征,诸如:在研究问题时尽力与上级"保持一致"的愿望;在工作中希望上级看到自己的成绩;当工作中偶尔出现过失时总是宁愿自己悄悄地采取补救措施,也不想让上级知道;强烈追求上下属之间在人格上的完全平等,渴望得到上级的尊重和信赖;愿意"参与"上级的管理工作,使自己的美好设想能在上级的决策过程中有所体现;企求上级能"理解"自己的美好心愿和良好动机,支持自己的工作;在万一遇到挫折和失败时,希望做出决策的领导者能理所当然地替自己分担责任;在完成工作任务之余,希望上级的管辖和约束最好不要过紧,应给予自己适度的"自由"……

对于下属这些共同的心理特征,领导者应在准确掌握的基础上,不断改进工作方法,尽量使下属达到心理上的和感情上的某种满足。只有这样,上下属之间才能进行有益的感情传递,下属才能在心理上处于健康的活动状况,并且相信领导者对自己是信赖和尊重的。

应该记住:倘若下属积极的、健康的心理要求得不到满足,从而使下属一次次处于十分失望的境地,那么,哪怕领导者再如何"真诚"地向下属表示"充分信赖",下属对领导者的疑虑也是很难消除的。

◇ **信赖是领导的用人法则**

用人法则最重要的一条是用人不疑。**用人不疑,关键还在于"用"**。信而不用,这种"信"就不是真信;用而不信,被用者心中难免存在疑虑,这种"用"也不可能用好。在经常地、普遍地信赖下属的基础上,领导者理应根据领导管理活动的需要,把有限的时间和精力用来信赖那些德才素质俱佳的下属。这种信赖,不仅体现在将分量最重、难度最大的工作压在他们肩上,更重要的还在于能够果断地将他们提拔到关键性的工作岗位上,让他们发挥更大的人才效能。

3. 争取赢得下属对自己的信赖

领导者怎样赢得下属的信赖?这一问题往往困扰着领导者。赢得了下属的信赖,领导者的工作也就如鱼得水;反之,则上下关系恶劣,领导者的工作寸步难行。

◇ **以信赖赢得信赖**

信赖下属的领导者是最成熟、最理想的领导者。这种类型的领导者在处理与下属的关系时，基点总是放在"充分信赖"上，他们喜欢用"知心"而认真的口吻布置任务，相信下属的意志、品德、能力足以完成所交办的任务。

对下属的充分信赖以了解为前提，盲目的信赖可能误事。领导者应了解下属有何长处，有何短处，用其所长，避其所短。信赖下属还表现在对他们的创新意见不能轻易流露怀疑或不耐烦情绪；在制定计划以及执行、检查、总结等管理过程中，就尽量吸收下属参与这些活动；经常与下属"随便聊聊"，以缩短心理距离，解除其戒备心理；在抓好大事的前提下，尽量放宽下属的自由度，不必统得过死，并在适当时候委以重任，充分发挥他们的聪明才智。

◇ **让下属信赖**

①做"好上司"。有人把"工作中遇到好上司"视为人生最大幸事，这种说法不无道理。"好上司"最重要的一条是能够"信得过"，让下属跟着放心，干工作顺心，在一起舒心。这就要求领导者做到：工作上职责清楚，赏罚分明。

> 领导者应做到："大事"拿得起，放得下，敢拍板，敢做主；"小事"放手交给下属去办，看得起，信得过，从不乱插手、瞎指挥。

②关键时刻拉人一把。在下属犯了严重错误时，能尽力给以帮助而不是冷漠对待，甚至落井下石；当下属遇到好事时，能全力相助，成人之美。

③及时"护尖"。对于成绩突出的"冒尖"下属，应采取"护尖"措施，防止专打"出头鸟"的黑枪袭击，从而给下属创造良好的环境。

④适当宽容下属。对于下属犯的"合理错误"以及一些小过失，应宽

容相待，不予细究。

⑤敢于承担领导责任。当下属确因某些客观原因而遇到挫折和失败时，领导者应敢于为其承担责任，决不可不分青红皂白将责任全推到下属身上，这样下属才会有安全感。

总之，赢得下属信赖的领导者才是精明的领导者，才能避免风险和危机。

五、用人失察，领导者难逃其责

用人不当主要是"不知人"造成的。作为领导，都应对此承担不可逃避的责任。出现任何问题，追究责任都不是根本目的，重要的是应找出造成问题的原因。用人首先要知人，不用那种言行不一、哗众取宠之人。因用人失察出现问题后，领导者更应与下属共担责任，合力解决。

1. 辨伪留真，不用似是而非之人

世间万物，真真假假，虚虚实实。人身上也有许多似是而非的东西，看似优点，其实乃致命缺点。所以，领导者不要被假象迷惑，要透过表面现象看清本质，才能发现和用好具有真才实学之人，而不至于鱼目混珠。

既然如物，究竟哪些人不可利用呢？

（1）华而不实者

华而不实的人口齿伶俐，能说会道，口若悬河，滔滔不绝。乍一接触往往给人留下良好印象，并让人误认为他是一个知识丰富又善表达的人才。对这种人，领导者需要分辨他是不是华而不实，只会嘴上功夫，没有实际本领。

三国鼎立之时，北方青州有一个叫隐蕃的人逃到东吴，对孙权讲了一大堆漂亮的话，对时局政事也做了分析，辞令严谨。孙权被他的才华打

动，征询陪坐的胡综。胡综说："他的话，大处有东方朔的滑稽，巧捷诡辩有点像祢衡，但才不如二人。"孙权问道："当什么职务呢？""不能治民，派小官试试。"考虑到隐蕃的谈吐净是刑狱之道，于是孙权派他到刑部任职。左将军朱据等人都说隐蕃有王佐之才，为他的大材小用叫屈，并亲自宣扬。因此，隐蕃门前车水马龙，宾客满座。当时人都奇怪这种有人说隐蕃好，有人说隐蕃坏的情况。到后来，隐蕃作乱于东吴，事发逃走，被捕回而诛。

（2）貌似博学者

貌似博学的人多少有一些才华，也能涉及其他各门各类的知识，泛泛而谈也不无道理，似乎是博学多才的人。但是，如果是博而不精、杂而不纯，未免有欺人耳目之嫌。

貌似博学者大多是青少年时读了些书，兴趣爱好也还广泛，但是因为只是小聪明，或者是未得名师指点，或者是学习条件与环境的限制，终未能更上一层楼，去学习更精专、更广博的东西。待学习的黄金年龄一过，尽管有精专的愿望，但是已力不从心，最终学识停留在少年时代的高峰水平上。即使以后具有这样那样的深造环境，但由于意志力的软弱，也只是涉猎一些新知识的皮毛，浅尝辄止。这类人可适当任用，但不宜重用。

（3）不懂装懂者

不懂装懂的人生活中确实不少，尤其以成年之后为甚，完全是爱面子、怕人嘲笑的缘故所致。不懂装懂者往往会因不懂装懂给企业带来巨大损失，尤其是技术上的损失。

（4）滥竽充数者

滥竽充数的这类人往往有一定的生活经验，知道如何投机躲懒，维护个人形象。总是在别人后面发言，围绕前面的人讲过的观点和意见，并无新的见解和主张；如果整合得巧妙，不失为一种艺术，使人难以觉察他滥竽充数的本质，反而让人误为精辟见解。

> 滥竽充数者也有他的难处，如南郭先生一样，想混一口好饭吃，并无其他奸心，倒也不碍大事。否则，对此类人应趁早解聘，或疏远之为妙。

（5）避实就虚者

避实就虚的人多少有一点才干，但总不满足现状，企图用一些歪门邪道的办法混到某个职位上去。当亲临战场时，比如现场提问、现场办公，因无力应付，就很圆滑地采用避实就虚的技巧处理。其实，这也是一门本事。这种人当副手也还无大碍，但也应以小心为前提，否则他会悄悄地捅出一个无法弥补的大娄子来。

（6）鹦鹉学舌者

自己没有什么独到见解和主张，但善于吸收别人的精华，转过身来就对其他人大肆宣扬，也不讲明是听来的。不知情者，自然会把他当雄才来看待。这种作为，说严重一点就是剽窃。这种人没什么实际才干，但模仿能力强，这也是他的优点，也可加以利用。

（7）固执己见者

固执己见的人争强好斗，不肯服输，不论有理无理都一个样。这类理不直但气很壮的人生活中随处可见。对待他们一个较好的办法是敬而远之，不与之争论。如果事关重大，必须说服他才能使正确的决策得以实施的，应分析他是哪一类人，本来贤明而一时糊涂的，以理服之，并据理力争，坚持到底；私心太重而沉迷不醒的，则用迂回曲折之道，半探半究地讲到他心坎上去；实在是个糊涂虫，不可理喻，顽固不化的，就动用权力压制他。

2. 学会与下属共同承担责任

下属犯错可以看作是领导者犯错，起码是领导者犯了监督不力或委托不当的错误，因为领导者的责任义务之一就是教导下属如何做事。

所以当下属闯祸时，领导者请先冷静检讨一下自己，如果完全是因为下属的疏忽，可叫他来，诚恳地向他分析整件事情，告诉他错在什么地方，最后重申你的宗旨——让下属全力以赴去做事，你永远是他们的后盾。

要是下属犯的错领导者也有间接责任，就请领导者与下属单独会面时，将事情弄清楚，这不等于叫领导者认错，而是一起去研讨犯错的前因后果，并鼓励下属以后多多与你探讨。

> 无论下属犯了什么错，领导者切忌向下属大发雷霆，尤其是在大庭广众之下。只有领导者尊重下属，下属才会更内疚，更敢于正视问题。

一位客户向某企业负责人投诉"你的下属非常无礼，又欠缺责任感。"企业负责人马上替下属道歉："对不起，他可能只是无心之失，平日他的表现不是这样的。保证以后不会有类似事情发生，请你多多包涵。"下属做事不力，企业负责人也要承担一定的责任。

将客户的怒火化解了，事情却仍没有结束，企业负责人必须有所行动。然而，立刻找来下属责备一番，那是极不明智之举。应该先对事情进行了解。例如，下属平时待人是否也是一派傲气？处理问题是否马马虎虎，随随便便？

如果答案是否定的，那么有两个可能性：一是客户咄咄逼人；二是下属偶然情绪欠佳，不妨提醒他一下，请他注意情绪起伏，甚至不了了之也没大问题。

相反，如果下属的确经常怠慢顾客，企业负责人必须找下属来倾谈。告诉他有客户投诉他的工作态度，而自己已代为道歉，并予以训诲，请他谨记"工作第一，客户第一"的组织原则。

第五章
教化下属

优秀的领导者,并不是仅仅能为组织带来效益的专家,还应该是一位好的教练,教诲每个员工都能成为优秀的选手。

效益的取得,靠的是员工能力的提高。面对同样的员工,同样的环境,教练式的领导能够通过教化员工,找到组织提升的突破口。同时,下属员工素质的提升和成绩的获得,又反证了领导者的高明。这是一个一举数得的领导艺术。

教化下属要从思想开始,思想是人的行动的指挥棒,唯有先改变或提升下属的思想意识,方可顺水推舟,由此及彼,促成下属及组织整体水平的提升。

一、教化下属是领导者的职责

高明的领导者,不仅能做带路人,而且还会当"老师"。

教化下属是领导者众多职责中的一项,只有让下属在领导者的教化中感受到自己进步,他才会心甘情愿地听从命令,激发出全部潜能,将能力发挥到极致。领导者最希望看到的就是这样的效果。

1. 种豆得豆,有耕耘必有收获

任何一名员工,都希望自己在跟随上级领导的过程中,水平能有最大限度地提高,如果员工在一个领导的手下有显著的进步,那他就会很乐意跟随他,并且不会轻易请调,对领导表现出进一步的依赖。

"十年树木,百年树人。"人才的栽培需假以时日,更需花费精力。栽培下属要有耐心和眼光,绝非一朝一夕之事。有耕耘必有所得,给予越多,收获越大,这是一条铁的定律。

领导者对于这样的事情一定见过很多:许多人在社会上工作,只会千方百计要求上司提拔他,却忽略了打好基础,即使有一天他平步青云,一旦上司稍稍放松,或公司倒闭,他便立即跌跤气馁,再也无法振作。

> 聪慧的领导者除了不断充实自己,提升自身能力之外,还会随时培植下属,努力将他们训练成有用的人才,以得到他们的一臂之助。

聪慧的领导者往往是最知道如何借助别人力量的人,当遇到困难,自己无法解决时,就知道如何获得援手。他自己决不做过于繁重的工作,因为他知道分工合作,他只做那些别人不会做的事。

领导者平日接触的人大致可以分为两种:一种是地位比自己低的人,

或在许多事情上必须听从自己命令的人；另一种是地位比自己高的人，许多事情必须听从他的指示。通常社会上多数人最易犯的毛病，就是眼睛永远望着天。教化下属前先问自己几个问题：

- 自己能得到下属真心的帮助吗？
- 下属愿意为自己效力吗？
- 同事肯协助自己吗？
- 下属代自己操劳时，是否心甘情愿？
- 看见自己有困难时，下属是否会支持自己？

对于领导者来说，如果答案都是肯定的，那么就证明他已经走向成功的道路。

反之，当领导者给下属布置任务时，他们寻找种种借口拒绝，那领导者非立即改变待人接物的方法不可。

领导者切勿施用压力强迫下属工作，应该运用巧妙的方法，使下属自愿为自己工作。

一个只会依仗自己权势和地位发号施令、强迫他人做事的领导者，并不是一个真正高明的领导者。高明的领导者懂得关心属下，不时地替属下的健康、家境、幸福等着想，让属下把他当成可靠的长者，对他敬爱有加，十分关心他的事业，恨不得使出自己所有能力帮助他。

领导者应记住这个原则：**要获得别人帮助，就必须先帮助别人。**帮助别人越多，未来的收获也就越大。

> 领导者平日里注意栽培下属，有朝一日将会收获意想不到的巨大利益。只有最愚笨的领导者才想尽方法去奴役他人，希望别人毫无条件地为他尽力。

2. 栽培下属，水涨船高

必须承认，有种普遍的观念阻碍着领导者教化下属的工作，那就是担心下属被培养起来后，会取代自己的领导地位。

实际上,培养自己的下属并不是"水落石出",而是"水涨船高"。下属的能力越强,领导者的成绩就越大,这是一种双赢的结果。

◇ 很少有领导因出色地培养下属而被解聘

很少有领导者因为培养了一些出色的下属而被解聘的事情出现。如果领导认为你培养的下属已经可以接替你的工作,从此就不再重用你了,那么这多半是一个目光短浅的领导。果真如此,也不值得你为他效力。如果他那样做,其实就等于给所有人树立了一个很坏的样板,并发出这样的信号:"谁也不要教导任何人,否则会有被遗弃的危险。"对于整个组织来说,这绝对是一个致命的错误。

◇ 下属的绩效直接影响领导者的绩效

领导者如果不想独自承担所有的重任,那么就得造就人才。只有造就有能力的下属,领导者才可以考虑充分授权。领导者的成功,其实在很大程度上取决于如何最大限度地利用下属资源。对下属资源的开发越充分,越有可能创造更大的绩效;下属的能力越强,领导者的绩效也就越大。**培养能力最接近于领导的优秀人才,更能增大成功的可能性。**

◇ 领导者获得更多的时间学习新技能

如果每个下属都能完成自己的工作,并有能力帮助领导者完成一部分工作,那么领导者就会变得比较轻松,可以腾出更多的时间来学习新知识、新技能,培养自己下一个目标职位应该具备的能力,这是领导者个人职业生涯发展的必然选择。与此同时,下属也会变得更有自信,对领导者心存感激。所以从这个角度讲,教练下属使领导者和下属达到真正共赢。

◇ 推及前人的培育之恩于后来者

每个人都曾得到过他人的培育,也应该以同样的心态来培养后来者。回顾自己的成长历程,如果没有上司当年的信任和培育,就不会有自己今天的成就。培养后来者是领导者义不容辞的责任。报答师恩的最好方式,就是以同样的心态来培育新人。

3. 怎样做个教练式领导者

在现在流行的众多领导风格中,有一种是教练式领导,即通过培养下属来提升自己的成就,这已经成为许多领导者愿意采纳的一种风格。

著名管理学家彼得·圣吉讲过他的一次难忘的经历。

1999年冬天,当我在美国佛罗里达州的一家麦当劳连锁店参观和学习时,这家连锁店的经理汤姆热情地接待了我们。我们友好地交换了名片,令我惊奇的是,他的名片上并没有标明自己的职位,而只印着"教练"两个字。我禁不住问同行的公司亚太培训总监查尔斯,麦当劳什么时候设置了这样一个职位?查尔斯解释说,汤姆就是这家店的经理,他更喜欢人们称呼他为"教练"。

接下来我们围绕"教练"话题攀谈起来。

问:您为什么会想到用"教练"这个称呼?

答:我认为,店经理首先要培养自己的下属,才有可能实现销售和利润的目标。所以人员发展是我的使命,我很喜欢"教练"这个称呼。

问:平时,您有多少时间用于您所说的"人员发展"?

答:大约30%吧。您知道,我们要做的工作很多,比如值班、成本控制、关注竞争对手、开会、各种报表、促销活动、服务,等等。我认为这些事都跟人有关,得关注人们会不会做这些事,如果他们不会做,就得教他们去做。

问:您在人员发展方面主要做哪些工作?

答:我自己兼任培训经理。我每个月都要重新确定员工的培训需求,制定培训计划,排定培训班表,然后就是实施培训并评价培训的成果。除此之外,我会教他们如何处理顾客的投诉。每次处理顾客的投诉时,我的身边总是会坐着一位工作伙伴,那就是让他学习。我甚至会教他们如何主持一个有效的会议,如何分析财务报表……

问:您的下属如何评价您这位"教练"?

答:哦,不是很清楚。我想,最起码他们不会讨厌我。我和他们在一起工作很开心,他们在不断地成长,我感到很欣慰。

查尔斯告诉我,汤姆是一位出色的"教练",迄今为止,他已经成功培养了六位店经理,去年,公司为他颁发了年度"教练奖"。

我想,我已经明白了领队查尔斯带我们来这家店参观的意义,他让我结识了一位真正的教练式领导。

今天,成为教练式的领导已经成为觉醒的领导人的共识。领导者的任务是要把解决问题的技巧告诉给组织成员,并督促大家执行解决方案。不仅如此,领导者还应该像教练一样来调整下属的状态,改变他们的观念和思维习惯,进而影响其行为。换句话说,教练式领导不仅传授给下属知识和技能,也在影响下属的态度。教练式领导的本质工作包括两点:引导下属愿意做和指导下属如何做。

> 教练式的领导者不仅应该具有卓越的能力,而且还应该能有效开发团队成员的潜能,用正确的观念引导他们实现自身的价值,并完成组织的目标。

正如彼得·圣吉在《第五项修炼》一书中所说:"**领导是教师,能不断帮助人们看清事实,促进每个人学习。**"

那么,教练式领导与传统领导究竟有哪些不同呢?具体如表5-1所示。

表5-1 传统领导与教练式领导的区别

传统领导	教练式领导
指示多	指导多
"一人救火"	培养"多人防火"
控制多	信任多
距离管理	关系密切
要求多	发掘多
讲求规范性	发掘可能性
关注事	关注人

教练式领导不再功利性地利用他人来达成组织的目标,不再只是强制性地改变下属,而是在员工自觉自愿的基础上开发其潜能,让员工在实现

工作目标的同时，也能够享受到自我成长的乐趣。

领导者的绩效和下属的绩效是紧密相连的，因此领导者和下属的关系是绩效伙伴的关系。从这个意义上说，领导者培育自己的下属是非常有必要的。

领导者的职责并不是对所有的事情都要详细规定该怎么做。如果经常性地采用命令式方式指导下属，下属是不太可能有新的发明和创造的。长此以往，下属在遇到困难的时候就会习惯性地对领导产生依赖，而员工缺乏创造性，对于提高工作绩效是大为不利的。所以，**领导者应该意识到，教给下属的应该是一种方法或者方式，而不是代替下属解决具体问题**。这就关系到对下属的培养，培养出能干的下属，领导者在处理事情的时候才可以省心省力。

二、从教化下属思想开始

时代的改变在于社会发展，人的改变源于思想变化。

领导者要想让员工有明显的变化，甚至进行一次全新的变化，就必须先从思想意识的启蒙和教化开始。因为思想决定意识，而意识决定行为。

领导者对下属的教化最主要的无疑是思想教化。若想让下属认同自己与组织，那就必须先改造他们的思想。

1. 影响下属的人生价值观

成功的领导者都知道价值观对组织的重要性，因此极力去影响组织成员的价值观，以使整个组织拥有共同的牢固的思想基石。在出色的领导者眼中，价值观是与目标相提并论的。共同的价值观使各种各样的人集合在一起工作、生活。价值观为人们创造了一种共识，没有这种共识，组织就如一盘散沙，互相对立争斗。

（1）用价值观说话

每个人都有自己的价值观和态度，但是，成功的领导者善于用价值观去教育下属,用价值观去影响下属的价值观和态度,从而指导下属行动。影响下属的价值观和态度是领导者的主要活动之一。

◇ **教育组织成员明确价值观的意义**

我们不妨从下面的故事中了解明确价值观的意义。

一天下午,微软公司欧洲区总经理迈克·杜德威斯从董事会那里了解到董事长比尔·盖茨临时决定视察法国分公司,因为当地发生了一起令客户不满的严重事件。于是,杜德威斯立即叫来副总经理大卫·司瓦格并告诉他:"请迅速打电话通知法国分公司的负责人,并让该公司的所有成员知道董事长要来了,让他们准备准备。"

司瓦格听了一愣,立即严肃地问道:"迈克,能否告诉我一些理由,为什么你觉得有必要打电话给法国分公司的负责人,让他们知道比尔要来视察呢?"杜德威斯解释道:"我不想让他们感到吃惊,并希望他们把主要精力放在善后处理工作上面。"

杜德威斯与司瓦格是多年的老朋友,不过他才加入微软一个月,而司瓦格已经在微软公司工作了五年。司瓦格想了想,郑重地告诉杜德威斯:"迈克,你这样做,是严重的官僚主义作风。比尔绝对有权利不声张地视察我们的工作环境。我们没有理由因为董事长的到来而进行一定的准备。你刚才的做法恰恰是告诉员工,'上司来了,我们必须装得一本正经'。这种做法是不符合公司宗旨的。"

杜德威斯很感谢司瓦格的提醒,他告知有关人员,希望他们严格坚持公司的价值观和宗旨,不要犯类似的错误。

作为领导者,你的个人满足和成功取决于你使行动达到平衡与和谐的能力。这就意味着你要了解自己的价值观,确立符合心中价值观的设想,有效地计划如何实现你的目标,并在实施计划的过程中做好领导工作。

> 每个组织都有一套价值观,所以领导者要以自己和组织共有的价值观为基础。

如果实现目标需要采取与下属或组织的价值观相抵触的行动,就会造成下属失望和丧失信心。相反，如果组织成员赞成领导者的价值观，而且目标与这套价值观一致，那么就可能实现设想。

一旦组织成员对价值观形成舆论，就可以确立目标，制定并实施行动计划以实现设想。有时，个人或组织公开主张某种价值观——如"人是我们最主要的资产"，或者"顾客是上帝"——而其行为却与公开声称的这种价值观背道而驰。这种情况发生时，公开声称的价值观就与个人或组织领导者真正的价值观不一致，结果是组织目标不坚定、气氛混乱，组织成员缺乏信心、紧张和士气低落。

只有当领导者或组织公开声称的价值观与领导者的个人价值观一致时，领导者或组织才最有成效。

现有的组织可能已有确定的价值观，既可以是白纸黑字记录在案，也可以是大家心知肚明的不成文的价值观。组织成员的行为表明了他们真正的价值观。当他们的行动与组织公开声称的价值观相一致时，这些价值观就成了组织政策和行动的统一原则。它为确立和实现领导设想提供了明确的方法。

领导者或组织的价值观构成了组织文化的基础。如果组织中任何一个群体表现出与其他群体相矛盾的价值观，组织内部就会产生分歧，即使他们有相同的目标。领导者或组织的价值观提供了最终评判所有行为的尺度。

(2) 用价值观指导下属

每一个大型组织，例如跨国公司，都有自己的价值观或道德规范。这种价值观不仅仅是挂在墙壁上的标语，更是组织成员内在精神面貌和行动上的指导方针。成功的领导者真正重视组织的价值观。

尽管很多组织可能不会承认，但实际上它们只是利用价值观作为公关的工具，因为这种价值观有助于树立组织的外在形象。例如，当组织遇到问题时，有关人员就会搬出相关条文，回答道："看，我们不会做这种事的，因为组织的价值观明文禁止此类行为的发生。"

而成功的组织总是极度地关心它们的价值观。一般来说，成功的组织提出的价值观和那些初衷良好但不那么成功的组织的价值观没有多大区别。随便找几个领导问问，他们都会告诉你，他非常重视诚实与公正。不

第五章 教化下属

过，正如前面微软公司的实例一样，成功者往往比失败者更严格重视和运用价值观。

成功的领导者强烈地感觉到价值观在塑造人们行为中的重要性。他们把价值观当作竞争的武器，使组织能够快速和恰当地做出反应。

成功的领导者花大量的时间去树立组织价值观，其目的不仅在于培养组织成员诚实和正直的品性，还希望培养组织成员具有日常的价值观——例如协作、冒险等，从而帮助组织实现既定的目标。如同传教士一样，成功的领导者总是不停地思考和宣扬组织的价值观，他们用自身的行为去体现价值观，并不断鼓励别人来检查，教导他人成为领导者。

价值观有助于下属对组织目标和使命的明确理解，使他们独立工作，奔向目标。 价值观用共同认识把人们团结起来，因此人们每个人都能发展自己的价值观并采取必要的行动实现组织的目标。价值观使人们能够通过确定的行为准则和规范设计自己的行为模式。因为行为的规范应当是有益的，而不是令人难以忍受的。

成功的领导者会思考价值观并着手建设它们，如同他对待组织目标一样。每个组织都有自己独特的文化和价值观。例如，美国人民自独立战争以来，一直坚持"人人生来是平等的，有权利享受同等的待遇"。

共同的价值观是建立真诚的工作关系的基础。成功的领导者在尊重下属的多样性的同时，也强调大家应该共同遵守的价值观。领导者都需要在组织内部建立一致性，但并非要求每个人在每一件事上都协调一致——这种要求是不现实的，甚至也是不可能的。

> 共有的价值观有助于培养组织成员强烈的发挥自身能力的积极性，使他们高度忠诚，关注组织目标的实现，展现出强烈的主人翁感以及关心领导者和组织的责任感。

当领导者在组织内部树立起一致的价值观后，组织成员就有了一个共同协作的基础。当个人、群体和组织的价值标准相一致时，就会产生巨大的能量。下属的热情和动力被进一步提高：人们有了一个理由来关心自己的工作。这样他们就更有效率，并且在工作中觉得更加愉快。

价值观是组织成员的指南针，它使人们独立行动并相互依存。组织也将从价值观中获取巨大的利益。当组织成员相信他们的价值观和组织的价值标准相一致时，就会更富有创造性，因为他们沉浸于正在做的事业中。当人们感觉到自己是同一团队的一部分时，沟通的质量和精确性以及参与决策的积极性将会增加。真正的大型组织，多年来早已懂得确定其远景目标和价值观的重要性。当越来越多的组织变得分散化和扁平化，领导者开始明白，价值观为组织的一体化和团队精神提供了框架。

2. 积极创建学习型组织

学习型组织为形成组织成员的共同价值观创造了极为有益的管理结构。 现代领导者无不把创建学习型组织当作其重要的使命来努力完成。

1990年在美国出版的彼德·圣吉的《第五项修炼——学习型组织的艺术与实务》一书，于1994年经我国台湾学者翻译后进入我国大陆地区。"学习型组织"这一概念也随之大为传播。"学习型组织"是一种科学的管理理论，它由"自我超越""改善心智模式""建立共同愿景""团体学习"及"运用系统思考"五部分组成。"系统思考"是"学习型组织"理论的第五部分，"学习型组织"是它的核心，为了突出它，该书定名为《第五项修炼》。该书进入我国大陆地区后，逐渐为一些读者与组织所接受，于是，一些企业、城市和事业单位也相继提出了创建学习型组织的目标。特别是自从江泽民同志2001年5月15日在APEC人力资源能力建设高峰会议上提出"创建学习型社会"的号召以来，更引起了社会的广泛关注。

"学习型组织"是一种崭新的管理理论，五项修炼的融合使组织能不断创新。 组织唯一持久的竞争优势，是具备比竞争对手学习得更快的能力。

> 过去讲竞争优势在人才，现在认为竞争优势在组织，即从单个的人扩大到组织，强调团体、组织与团队精神。"学习型组织"的建立是一种艺术，是调动组织潜能的一种艺术。

"学习型组织"理论强调创新,它分析了传统思维方式的一些弊端(如局限思考、归罪于外等)后,提出培养员工看出问题产生背后的结构(所谓结构是指系统内部诸要素之间、系统要素与系统整体之间的相互联系、相互作用),并采取能从根本上解决问题的根本解或杠杆解(所谓杠杆解是以较小的代价获取较大回报的解,即"四两拨千斤"的效果)的能力。它开辟了一条从根本上解决问题的新路。"学习型组织"的"学习"并非指获取知识,而是培养如何实现生命中真正想要达到的结果的能力。

过去大多数组织进行的是单环学习,当发现错误时,改正过程依赖过去的常规程序和当前的政策。相反,学习型组织运用的是双环学习,当发现错误时,改正方法包括组织目标、政策和常规程序的修改。双环学习向组织中根深蒂固的观念和规范提出挑战,其提出的截然不同的问题解决办法有利于实现变革的巨大飞跃。

学习型组织具有如下特性:

- 有一个人人赞同的共同构想和价值观;
- 在解决问题和从事工作时,能摒弃旧的思维方式和常规程序;
- 作为相互关系系统的一部分,成员们能对所有的组织过程、活动、功能和与环境的相互作用进行思考;
- 人们坦率地相互沟通(跨越纵向和水平界线),不必担心受到批评或惩罚;
- 成员们摒弃个人利益和部门利益,为实现组织的共同构想一起工作。

学习型组织中的成员摒弃旧的思维方式,相互之间坦率真诚,了解组织怎样运行,制定每个人都认同的计划与构想,然后共同工作以实现这个构想。

学习型组织的支持者认为这种组织是解决传统组织固有的三个基本问题的良方,这三个问题是:**分工、竞争和反应性。**

专业化的分工制造了隔离带,从而把一个组织分割成相互独立且常常相互冲突的领域。

过分强调竞争常常会削弱合作。管理层相互竞争以显示谁更正确,谁知道得更多,谁更有说服力;部门之间本应相互合作,共享信息,但它们却在相互竞争；项目小组的领导者相互竞争以显示谁是最好的管理者。

反应性使管理者的注意力发生了偏离，他们更注重解决问题而不是开发创新。问题的解决能避免发生某些事情，而创新者努力带来新的东西。

在机遇与挑战并存的时代，经济的发展呼唤学习型组织或企业。"学习型组织"具有很强的学习能力，能够对变化着的环境做出快速而有效的对应策略。

> 学习型组织的形成是以其组织成员的个体学习为基础的，没有个体的学习就不可能有组织的学习。领导者在注重自己学习能力提高的同时，要通过变革来培养组织成员的学习能力，促使组织向学习型组织转化。

3. 刺激下属的学习欲望

俗话说：任何人固然可以轻易地把马牵到河边，但是若马不想喝水，那么无论用什么方法也无法强迫它。指导下属的情况也是如此。**如果下属毫无学习的意愿，则即使强迫他，也不会有效果。**

一般来说，唯有上司指导下属的欲望与下属学习的欲望一致时，下属才会愿意接受有关工作上的指导。可惜，目前的情况大多是下属不愿自动学习，或下属在上司施教时虽懂了，不久却又忘了，甚至根本不理会。

为使下属完全了解工作，最理想的方法是待下属有学习的欲望时再予施教。然而，现实往往不允许人们如此悠闲地等待。

因此，为了让下属尽快学习，而且是真心乐意地学习，就必须应用心理技巧。如美国著名的拳击教练艾迪·汤姆先生，便采用一种毫不费时的方法培育出许多世界级的选手："当对方如此进攻时，你该如何应付？"此时，选手们便一边练习、一边思考应付的方法，并以动作来表示答案。

事实上，当被问及意见时，基于一种被尊重及意欲表现的心理，任何人都会加以认真地思考，提出自己的见解。即使最初的答案并不完全正确，只要重新发问，应不难诱导出正确的答案。当被问者想出真正的答案时，势必感到欢喜异常，学习意愿也大为提高。因为答案乃是经由自己的思考所得，所以必然终生难忘，同时也将按照答案去执行。

◇ 自己摸索学习

下属通常是沿着领导者的脚印前进的木匠或雕刻匠，在成为名匠之前，一般师傅均只告诉他们："看着做吧！"就是让他们自己跟着师傅摸索学习，学到的就是自己的。

在一般组织中，也常应用此种方法来训练员工。例如，某大型建筑公司在召入新进人员的第一个月内，根本不让他们做任何工作。这对于怀着雄心壮志进入公司的新进员工而言，他们的感受又是如何呢？

"森田疗法"是日本的森田正马博士创造的，它对于治疗神经病症可能是目前最卓越的方法。

其中有一种称为"卧褥疗法"，是让病人住在单人的病房中，房内没有电视、收音机，甚至没有人与他交谈。即使到了用餐时间，护理人员将餐点送入之后，也一语不发地离去。他们除了睡觉之外，必须度过极安静、无聊的时间。

如此一来，病人便完全沉没在自我的领域中，面对自己的烦恼及苦闷加以思考并追根究底。有时甚至必须承受辗转反侧的痛苦煎熬。在"迷惘清楚再迷惘"的过程中，他们终究会达到一种"悟"的境界。从此以后，逐渐恢复平静的心情。此法开始实施时，会使人觉得百无聊赖，非常想找点事做，而由原来极内向的心态，逐渐向外向发展，从而变得外向。最后，先让他们做一些轻松愉快的工作，再逐渐改变为一般的工作，效率往往倍增。

这就是利用了一个人的"饥饿感"，来引发其求知欲望的方法，其最终目的乃是帮助一个人产生积极的心理。如果把此种方法套用在培养新进员工方面，相信必有显著的效果。因为新进员工在初期必定仔细观察上司或同事们的所作所为。之后，他们会产生一种渴望：让我自己来，相信我也能做好。如此，即可培养员工积极的心态和适合组织发展的观念与意识。

◇ 兴趣是引领学习的动力

人的记忆是不可靠的，这根据著名的克丁根实验证明即可得知。该实验的内容如下：

集合40位心理学家，让他们观看事前未加以解说的犯罪影片。影片开始是一名农夫突然把门踢开，进入屋内，另一名黑人则手持枪械随农夫进入屋内。接着两人大打出手，黑人骑在农夫身上发射子弹，最后两人走出房间。该片长仅30秒钟，事后让心理学家们写出自己的观后记忆。结果，在40人中，只有6人明确地记录该影片的内容。换句话说，具有客观观察能力的心理学家，也竟仅有15%的人能够记忆事前没有解说过的影片。

由此可知人的记忆并不可靠。

因此，指导某人做事时，应让他当场复习，使之确实记住。毕竟，大多数人在听人谈话时，看似听得津津有味，其实，所能记住的却往往不足50%。

人的兴趣在于事发当时可能极为敏感，但是，事过境迁之后，通常只成为零碎的记忆。

所以，在进行教导工作时，不妨让听讲者养成做笔记的习惯。如此一来，即使时间再久，由于有所记录，仍可使被教育者保有对此事的记忆。

> 一个积极学习的下属，常常是组织进步得最快、贡献最大的人。领导者应当善于教育每个组织成员都成为这样的人。

三、领导者教化下属的技巧

有人说："最大的福利是培训，最好的投资是教育，最棒的礼物是知识。"对于一个组织来说更是如此。

任何一个组织中的一般员工都渴望从领导者那里学到更高超的本领，然而，并不是所有的教化都是成功的，为什么呢？因为有的领导者尽管有这样的意识，却并不懂得教化下属的技巧。比如说教给员工的并不是他们最需要的，或者教育方法不对使员工很难掌握等，所有这些都是领导教化路上的障碍，必须一脚踢开。要想有效率，必须讲技巧，教化下属也是一样。

1. 因材施教，朽木也可雕

在任何单位，无论是企业还是政府机构，都有一些能力较差、工作情绪低落的下属。

每当碰到这样的下属，领导者往往会感到很为难。一般的情况是：领导者都认为这种下属是"朽木不可雕也"，把他们视为包袱和绊脚石。如此一来，就可能导致他们更加自暴自弃，甚至破罐子破摔，不思进取，自甘落后。

因此，领导者的上述做法不利于能力较差的下属的成长与进步。不仅如此，这样做还会影响领导者自身的形象，使下属感到此人缺乏关心和帮助他人的无私作风和人情味。

反过来，如果领导者能够给能力较差的员工以关心和鼓励，帮助他们消除自卑感，培养进取心和卓越的才干，则不仅使他们感激涕零，而且也会使其他下属因此受到感染，产生敬佩之心。

正确的做法是，遇到这类员工，领导者应该花一番气力，从根本上去探讨他们的能力无法施展和工作缺乏劲头的根源。要知道，问题的症结往往隐藏在那些员工思想的深处和过去的经历中。

实际上，有许多成功的人士最初都不是特别出类拔萃的人才，与周围的人相比，他们可能显得很平庸，甚至很落后。然而，这并不妨碍他们在未来的人生岁月里取得成功。

领导者应当认识到这一点，也应当帮助能力落后的人认识到这一点，帮助他们消除自卑感，树立自信心，一步步地锻炼和提高自己的能力。

> 一般而言，在组织里被视作能力差、情绪低落的人，大部分是小时候某种自卑感所致，他们最需要的是别人的关心和照顾，最感激的是领导者的注意和鼓励。

2. 授之以渔，多方培训员工

对于在职教育、培训员工，现有许多经验可供大家借鉴。但是一定要根据自身发展状况，定出切实可行的培训计划。

◇ **注重对员工人格的培养**

名刀是由名匠不断锻炼而成的。同样，人格培养，也要经过千锤百炼。缺乏应有的人格锻炼，就会在商业道义上产生不良的影响。

真正的培训是培养一个人的人格。现在的教化虽名为教化，但不能算是真正的教化，真正的教化是提高一个人的人性。仅传授知识也不能算是全部教化，知识的传授只是教化的第二意义。给成长中的人知识，是给他们兵器，绝不是教化本身。教化的中心，是以培养一个人的人格为第一，至于知识、技术之类，可说是附属的教化。

领导者在教育员工时，首先就要教育员工先做人，讲信誉，讲商德；其次再教育员工做好本职工作。"本色做人，出色做事"是企业奉行不悖的金科玉律。

◇ **注重对员工的精神教化**

对员工精神和常识上的教导，是领导者的责任。要培养员工的向心力，让员工了解组织的创业动机、传统、使命和目标。

◇ **培养员工的专业知识和正确的价值判断能力**

没有足够的专业知识就不能满足工作上的需要，但如果员工不能判断事物的正确价值，也无法促进公司以至社会的繁荣。

不过，培养员工正确的判断能力不是件简单的事。没有正确的见解，无法判断事物真正的价值。领导者应该鼓励员工不断地努力，相互学习，形成正确的价值判断。

◇ **训练员工的细心**

细心体贴，看起来似乎是不足以挂齿的小节，其实是非常紧要的关键，往往足以影响大局。因为在日新月异的现代社会，如果犯一点差错，就可能招致不可挽回的局面。

◇ 培养员工的竞争意识

无论政治或商业，都因比较而产生督促自己的力量，所以一定要有竞争意识，不断彻底地发挥潜力。组织不仅要造就竞争强人，而且要为新世纪培养人才。

3. 有效培训员工的秘诀

有效培训的秘诀在于激励。要使员工愿意学习，向他们表明，培训将使他们在掌握更多技术和提高收入方面，在晋升机会或工作保障方面，得到应有报偿。告诉他们为什么要以这种方式做某件事。只知道做什么和如何做的员工只了解事情的一部分，如果他们知道为什么要按规定的方式去做，那他们就能更好地被激励起来。

如果正在培训新员工，不要指望在短期内就能见效。多数人在学习中都会遇到某种困难，有些人对问题理解得快，有些人则要花费很多的时间和精力。员工学得快时要给予表扬，当他们遇到困难时要给予鼓励，反复向他们讲解应如何去做。告诉他们，别人在学习这一部分时也遇到了困难，但不久之后他们都能找到窍门。如果工作很复杂，就带领员工做一遍，领导者做复杂的部分，让员工做容易的部分。然后逐渐让员工去从事更困难的工作。

在培训员工时，要警惕出现以下几种常见的错误。

①不要把培训当作装满窍门和秘诀的锦囊。领导者要做好准备，在此基础上进行培训，会给组织带来损失，破坏员工对组织及其培训方案的看法。

②不要强调提高员工的绩效或生产率。这是以后的事，过早强调会使员工产生恐惧，妨碍员工学习能力的提高。

③不要让某位最高领导人负责培训。这会使受训者缄口不语，会使他们感到紧张，延长培训时间。

④一次不要灌输太多。不要过快地灌输内容，使员工不能吸收。放慢速度，与员工接受和理解问题的能力保持一致。

⑤不要只说不示范。一个图示或一次示范抵得上千言万语。在培训员工时也要遵循同样的原理。当培训者向员工解释如何做和为什么的同时，要向他们示范。

⑥要有耐心。必须给初学者消化吸收的时间，以保持其学习的信心。领导者应耐心解释，直到每个人都理解了。

⑦不要使员工紧张。这是要有耐心的另一方面。紧张会造成慌乱，妨碍清醒地思考，实际上终止了学习进程。记住，新员工无须领导者施加压力就已经相当紧张了，他们需要放松和清醒头脑，这样才能吸收学习内容。因此，应该使他们放松下来。

> 培训是一件循序渐进的事，不可操之过急。它是一个工程，一个培养人才的工程，因此，应更多地注重过程。只有这样，才能得到更好的结果。

第六章
激励心法

所谓领导激励是指"激"下属之情,"励"下属之志,令下属有所感、有所悟、有所动。

不同的员工,所求各有不同。既有基本的生存需要,也有高层次的自我实现的需要。领导者应当运用不同的激励心法,满足员工不同的需求,从而多方激发员工的向上精神,把员工凝聚在自己周围,为组织献计、出力。

激励的形式多种多样,如:正向的褒奖,反向的惩处,利益的驱使,公平的竞争,知己者的理解,悦己者的赞美,成功理想的诱惑力,破釜沉舟的生存欲等。需要注意的是:领导者运用激励艺术,应掌握好尺度,把握好时机,做到因人、因事、因时而异。只有这样,才会达到激励的目的。

一、公平激励，报酬与员工贡献成正比

人们工作的动机和积极性，不仅受到他所期望得到的物质报酬的影响，而且还受到精神报酬的影响。当一个人把他的报酬与贡献的比率同他人的作比较时，如果比率相等，就会认为公平合理而感到满意；否则就会感到不公平、不合理而影响工作情绪。分配不公会挫伤人们的积极性，只要领导者从思想上认识到公平合理原则的重要意义，杜绝不正之风，公道正派行事，就一定能够得到下属的理解与支持，从而调动大家的积极性。

1. 给员工合理公平的报酬

员工工作的目的是获取报酬，没有适当的报酬，员工不会贡献剩余价值。"多分给员工一个铜板，员工可能带给你一桶金。"因此，领导者要重视员工的利益。

工资作为给员工的合理报酬。它应当是公平的，而且尽可能应使员工和组织领导者都感到满意。报酬率首先取决于不受组织领导的意愿和员工的价值观支配的环境，如生活费用、人员的余缺，一般经营条件、组织的经济地位等影响；其次取决于员工的价值观和采用的支付方式。

常见的工资支付方式有计时、计件、包工三种。这些方式各有利弊，其效果取决于环境和领导者的方法。员工的热忱和工作场所的平静气氛也在很大程度上依赖于它们，运用得好，便可激励员工的干劲。

为了充分发挥工资在激励中的重要作用，领导者在设计工资制度时，一定要遵循公平性原则。

员工对工资分配的公平感，是组织在设计工资制度和进行工资管理时首先需要考虑的因素。

工资的公平性可以分为三个层次。

①外部公平性。指同一行业或同一地区或同等规模的不同企业组织中

类似职务的工资应当基本相同，因为对他们的知识、技能与经验的要求相似，他们的各自贡献也相似。

②内部公平性。指同一企业中担任不同职务的员工所获工资应与各自的贡献成正比例。只要比值一致，便是公平。

③个人公平性。涉及对同一企业中在相同岗位工作的人所获工资的比较。

为了保证企业组织工资制度的公平性，领导者还要注意下列几点。

①组织的工资制度要有明确一致的原则作指导，并有统一的、可以说明的规范作依据。

②工资制度要有民主性与透明度。当群众能够了解和监督工资政策与制度的制定和管理，并能对政策有一定参与和发言权时，猜疑与误解便易于冰释，不公平感也会显著降低。

③领导要为职工创造机会均等、公平竞争的条件，并引导职工把注意力从结果均等转到机会均等上来。如果机会不均等，单纯的收入与贡献比相等，并不能代表均等公平；实际上机会大者占了便宜而机会小者吃了亏。

> 工资激励必须贯彻劳绩挂钩、奖勤罚懒的原则。工资水平与劳动成果挂钩，使升了级的人满足，升不了级的人服气。

在注重工资激励的同时，还应注重奖金激励。奖金是超额劳动的报酬，设立奖金是为了激励人们超额劳动的积极性。在发挥奖金激励作用的实际操作中，应注意以下三点。

①必须信守诺言，不能失信于职工。失信一次，会造成千百次重新激励的困难。

②不能搞平均主义。奖金激励一定要使工作表现最好的下属成为最满意的人，这样会使其他人明白奖金的实际意义。

③使奖金的增长与组织的发展紧密相连。这样，让下属体会到，只有组织兴旺发达，才有自己奖金的不断提高，而下属的这种认识会收到同舟共济、水涨船高的效果。

2. 多劳多得，均衡报酬

在企业里，给予员工报酬的多少，首先取决于员工劳动量的大小。劳动量大，报酬就需要高一些。其次这还和企业的效益水平有关，企业的效益水平高，员工的报酬总额就要大一些。员工的劳动共分为三种不同的类型，分别为管理性劳动、技术性劳动和人力型劳动。不同类型的劳动，虽然具体内容不同，相互之间缺乏可比性，但都是企业必不可少的劳动。三种不同类型的员工必然为了自身的报酬在工作中展开竞争，竞争的结果就是要求领导者按照等量时间的劳动获得等量报酬的原则进行分配，那么，最后的结果就是不同类型的劳动，报酬大致上是平衡的。对相同类型劳动的员工进行利益分配的时候，领导者也要注意以个人的劳动量和劳动效率为参照量。劳动量比较大，劳动效率比较高的时候，给予员工的报酬也应该较多，也就是平常说的"多劳多得"。

总体来讲，**大凡成功的企业，员工的报酬往往和其工作量、劳动效率以及同类劳动的报酬总额成正比关系。**例如，有关薪资问题，松下幸之助就遵照"高效率、高薪金"原则，同时结合日本经济的发展与公司的实力，给予员工相应的酬劳以实现产业界第一高薪的理想。

在具体实施的时候，领导者可以选择采用**"高差别奖惩制度"**或**"低差别奖惩制度"**。

"高差别奖惩制度"就是公司对成绩优异的员工给予大笔现金奖励，而对那些绩效不是很好的员工给予处罚，或者大幅度削减他们的报酬。这种制度要求员工的行动与成绩之间必须有清晰而明确的关联。这种制度较为典型地应用在顶尖的职业运动员方面。对此我们有目共睹。如果他们的表现很出色，就可以赚进大把大把的钞票，但是如果表现不好或者差劲，那么，除了离开，他们别无选择。

采用较小差别的奖励对于个人业绩予以奖励被称为"低差别奖惩制度"。奖金额度的高低可以依据团队或整个公司收入多寡而定。这种制度实际上只是为了给予当事人以肯定并体现其价值，而非具体的特质报酬。采用这种制度的时候，个人业绩的差异对所得报酬的高低影响较小。这种制度较为典型地被应用在我国的政府机关和事业单位。

因此，领导者在决定组织采取何种报酬制度的时候，需要均衡这两方面的奖励制度。只有公平公正，才能够便利企业的员工对于驾轻就熟的工作和开拓创新的工作都能同等对待。对那些较易评估且驾轻就熟的工作，领导者可以削弱奖励的力度；而如果工作的难度较大，就适宜采用提高奖励力度的方法，鼓励员工承担责任并以此作为其他员工行动的标准。如果你是一家零售企业的老板，如果你希望业务员能够多花一些时间来了解顾客需求，那么，你最好把销售奖金一直降到与采集客户信息的奖金相当的水平。

> 对领导者来说，如果希望促进员工在提高现有业绩的同时对未来发展机会提出新的想法，就必须将眼光放远，设法创造出一套保持适当均衡的正式奖励制度，保证上述两个目标均能达成。

3. 赞扬员工也要掌握公平原则

领导者赞扬下属，也是一种员工期望得到的报酬。 领导者实际上是把一种精神奖赏给了下属，这当然也需要公平、公正。

有的领导者因不能摆脱自私和偏见的束缚，对自己喜欢的下属极力表扬，对不喜欢的下属即使有了成绩也看不到，甚至把集体参与的事情归于自己或某个下属，常常引起下属的不满，从而激化内部矛盾。这样的领导实在是一种失败。

要做到公正地赞扬下属，领导必须做到下面几点。

◇ **称赞有缺点的下属**

有的下属缺点明显，比如工作能力差、与同事不和、顶撞领导等，这些缺点一般都让领导厌恶。但是，有缺点的人更需要称赞。称赞是一种力量，它可以促进下属弥补不足、改正错误。领导的冷淡和无视则使这些人失去了动力和力量，无助于问题的解决。

◇ 称赞比自己强的下属

现代社会中什么能人都有，许多单位里也不乏"功高盖主"的下属。一些下属在某些方面超过领导，从而使领导处于一种不利的局面。小肚鸡肠的领导者会容不下这些人，对这些强人或超过自己长处的人不敢表扬，这也有失公正。

◇ 称赞时要把握好分寸

领导者与下属交朋友很常见，每个领导者都有几个比较得意的下属，不仅工作合作愉快，而且志趣相投。称赞这样的下属要不偏不倚，把握好分寸，不能表扬过多，也不要不敢表扬。

如果对某一下属表扬过多，很容易引起其他下属的不满。与其说是向着自己喜欢的下属，倒不如说是害了他。有的领导者怕别人看出与某个下属关系密切，因而不敢表扬，这也是错误的做法。

◇ 不要把集体的功劳归于一人

单位的工作成绩往往是下属和领导者集体智慧的结晶，是齐心协力的结果，评功论赏时要表扬集体，不能归于一人，否则有失公道。

有的领导者贪功心切，为向上司邀功请赏，汇报工作时往往把成绩据为己有，这种做法很不明智，一旦暴露只会给自己带来不利。

4. 论功行赏，调动下属积极性

论功行赏，几乎是领导者的日常工作，论功行赏做得好，能极大地调动下属的积极性，形成人人力争上游的局面，给企业带来活力。反之，论功行赏做得不好，其后果甚至比不做还坏。论功行赏很重要的一条，就是不以地位论功绩。

地位和功绩是两回事。

地位一般是依据人的能力与特长来安排的，功绩则应依据各人在不同地位上的努力程度和实际效果来评定。

地位高的人不一定取得的功绩大，地位低的人也不一定就功绩小。

如果以地位高低来决定功绩大小，就达不到论功行赏的目的。

一个人虽居高位，但因工作发挥不了其特长，从而成绩平平，那么，我们就不能说他是成功者，因为无论对个人还是对社会来说，这个人都没有实现其应有的价值。

虽然，地位高的人所完成的工作从绝对值来说，一般比地位低的人要大，但那是他职务上的本分，若是不出众，就没有必要褒奖。

> 论功行赏，就是鼓励每个员工都充分发挥自己的能力，最终求得整个组织的高效率运转。如果只有地位竞争，失去了论功行赏的意义，其结果是不难想象的。

二、适时激励，有成绩就有"胡萝卜"

进行物质激励时一定要适度适当，既不能过低，也不宜过高。过低，起不到激励的作用；过高，又会产生"金钱万能"、"厚赏励勇"思想，从而削弱物质激励的作用。因此领导者应根据激励对象贡献的大小，根据不同时期、不同内容、不同目的确定适当的奖励标准，保证奖励"恰如其分"。只有让员工觉得自己的贡献与得到的奖励一致时，才会产生激励作用。

1. 及时奖励，效果加倍

机会是瞬息万变、稍纵即逝的，所以人们做每一件事，都必须注意把握好时机，"机不可失，时不再来"。

在激励中，如果领导者能够敏锐地察觉、巧妙地运用"时机"进行激励，往往激励的效果会倍增；否则，反应迟缓，优柔寡断，不但会错失良机，起不到激发员工积极性的作用，而且很可能把事情办糟。同样是激将式激励，如果能见机行事，在客观条件成熟时，寥寥数语便可达到激励的目的。否则，出言过早，时机不到，"反话"容易使人泄气；出言过迟，良机错过，又成了"马后炮"，达不到预期目的。

有个骑骡子的人，一只手拿着胡萝卜，另一只手提着棒子往前赶路。首先他让骡子清楚地看到，胡萝卜就在你前面（激励因素），只要你（骡子）往前走就可吃到；如果你不走呢，我就用棒子（惩罚因素）打你。于是骡子只得往前走，眼珠盯着胡萝卜，以为自己再走两步就可以吃到它。但是越走越不对劲，因为骡子在走，好像胡萝卜也在走……

正确的激励时机在哪儿呢？到了阶段性目的地时，就得松手，让骡子吃到胡萝卜。否则，老玩这种看得到、吃不到的游戏，骡子也会罢工的！

领导者所要激励的员工，当然比骡子要聪明百倍。因此，激励的时机要及时——只要员工一完成工作，马上给予实质的激励。激励和惩罚只有及时，才能使员工迅速看到做好事的利益和做坏事的恶果，才能真正做到"赏一劝百，罚一警众"，产生震撼和轰动效应。

但及时激励并非单纯求快，主要是体现一种雷厉风行的作风，而不能机械地当成不差时日的时限。及时的前提在于激励的正确、明确和准确。如果激励事实失误、性质不准，及时激励不仅毫无意义，而且可能带来不良后果。

领导者必须把握激励的及时性原则，以充分调动员工的积极性，使员工的业绩能够达到最大化。那种认为"有了成绩跑不了，年终算账免不了"的想法和做法，往往使激励作用随时机的耽误而丧失，造成激励走过场的结局。

在具体应用中，领导者在运用激励手段时应注意以下几点：

- 切忌无功而赏，无罪而罚。
- 切忌功大而小赏，罪大而小罚。
- 切忌功小而大赏，罪小而大罚。
- 切忌赏罪罚功。
- 激励的数量不能太多，也不宜太少。
- 激励必须本着实事求是的原则，具体问题具体分析，不可机械地进行赏罚。

> 无论是及时原则还是适度原则，在实际的执行过程中，领导者都应辩证地加以统一，及时不适度，适度不及时，激励都会失去应有的意义。

2. 赞美员工一定要及时

赞美是对一个人的工作、能力、才干及其他积极因素的肯定。通过赞美，人们了解了自己的行为活动的结果。可以说，**赞美是一种对行为的反馈，反馈必须及时才能更好地发挥作用。**

一个人在完成工作任务后总希望尽快了解自己的工作结果、质量、数量、社会反映等。

好的结果，会带来满意愉快的情绪体验，给人以鼓励和信心，使人保持这种行为，继续努力；坏的结果，能使人看到不足，以促进下一次行动时的专注，以求得好的结果。

同时，人们需要通过尽快地了解反馈信息，对自己的行为进行调节，巩固、发扬好的；克服、避免不好的。如果反馈不及时，时过境迁，人的热情和情绪已经消退，这时的赞美就没有太大的作用了。

早期的美国福克斯公司急需一项重要的技术改造。一天深夜，一位科学家拿了一台能解决问题的原型机闯进总裁的办公室，给总裁讲解了解决问题的方法。总裁感到这个主意非常妙，简直难以置信，琢磨着该怎样给予奖励。他弯下腰把办公桌的所有抽屉都翻遍了，总算找到了一样东西，于是躬身对那位科学家说："这个给你！"他手上拿的竟是一只香蕉，而这是他当时能拿得出的唯一奖赏了。

从此以后，香蕉演化成小小的"金香蕉"别针，作为该公司对科学成就的最高奖赏。由此看出美国福克斯公司领导对及时表扬的重视。

不仅对重大的科技成果要及时奖励，对下属的点滴微小成绩，领导者也应予以重视，及时地加以鼓励。

美国惠普公司的市场经理，一次为了及时表示酬谢，竟把几磅袋装水果送给一位推销员，以鼓励他的成绩。另外一家公司的"一分钟经理"提倡"一分钟表扬术"：下属做对了，上司马上表扬，而且很精确地指出下属做对了什么。这使下属感到上司为他取得成绩而高兴，与他站在一条战线上分享成功的喜悦，从而鼓励下属继续努力。这一共花一分钟时间。下属们对"一分钟经理"的做法颇为推崇。这位经理说，帮助别人产生好的情绪是做好工作的关键。正是在这种动机的指导下，他实行了"一分钟表扬术"。这样做有三重意思：第一就是表扬要及时；第二是表扬要具体，准确无误，不是含含糊糊；第三是与部下分享成功的喜悦。

3. 要适当肯定别人的成就

对个人在团体中的优良表现，千万别忘了利用各种机会予以肯定。这是领导者应该做的事情。

希望得到别人的肯定，这是人类的基本天性。事实上肯定也是人类行为最强有力的诱因之一。

在第二次世界大战期间，美军一位陆军航空队的大队长发现：由于保养不良出事而损失的飞机，竟和敌人所造成的损失相等。

在用尽种种方法都失败以后，他创立一个制度，对保养维护工作做得好的人给予奖赏。奖品本身并不值钱，只是些奖状、军中福利品，或是48小时的休假，等等。他对由于保养优良而中止起飞次数最少的、在出航任务中机械故障最少的，以及出战斗任务次数最多的飞机的保养人员给予这类的奖励。

这位领导者费尽心思来扩大这些奖励的效果。他举行颁奖典礼，拍照片，并送到受奖人家乡报纸上去刊载，而且还写特别推荐信和发公报。

这些奖品也许不值什么钱，但这些奖品所带来的受大众肯定的意义却非常重大。

很快，这位大队长所在的陆军航空队就拥有了杰出的飞机保养维护记录。

正如一本领导手册所说："结党乃是人类的天性，别将这'贬视'为敌人。这种渴求别人肯定和成功的愿望，乃是你领导的无价之宝。"美国杰出的企业职业经理人艾柯卡退休以后，写过有关领导的书。他曾这样说："在统御和领导中，需要多种品质、成分和技巧的运用，包括指挥、力量、判断、观念和其他多种因素。但要想一项工作做得好，激励士气却是无可取代的。"

三、有的放矢，根据需要进行激励

领导者应根据需要，对下属施以相应的刺激和鼓励，从而调动其积极性，达到激励的效果。领导者根据需要进行激励操作只有符合客观要求，反映人们的实际需求，才能真正既肯定和满足人的合理需要，又调整和规范这种需要，使其朝着正确的方向发展，成为促进组织发展的必要形式。

1. 了解员工需求，进行有效激励

每个员工想从生活和工作中获得的都是自己对某种要求的满足。

根据著名的心理学家A·H·马斯洛提出的"需求理论"，大多数人，包括每一个员工都会从生活中寻找某种满足感。按马斯洛的解释，这五个需求依次为：

- 生存需求：活着就是生存；
- 安全需求：希望不受威胁或不被伤害；
- 社交需求：与自己喜欢的人在一起；
- 尊重需求：获得他人敬重；
- 自我实现需求：做自己想要做的事。

◇ **生存需求**

人们需要呼吸、吃饭、睡觉、生育……但是对于多数人来说上述需求已难以囊括我们所需求的一切，例如真正的饥饿已不是问题了。总的来说，我们第一层次的需求已基本得到满足。

◇ 安全需求

人们总是希望自己能够免受袭击和伤害，远离罪犯和竞争者，并且不必去面对变化无常的未来或不断变化的今天。

◇ 社交需求

人类在氏族或部落群体中就有了这方面的需求，今天这种群体的联系比以往任何时候都要密切。人们结婚、住入公寓，甚至做祈祷时都难以离开群体。跟其他需求一样，不同的人的社会交往需求也有着根本的不同，想做隐士的人很少。

> 并非与每个人都能够建立一种真诚、深厚的关系——即使和妻子或丈夫的关系也是同样。但是，或深或浅，这种社会需要都在我们每个人身上发挥作用。

◇ 尊重需求

现今社会，我们的其他诸多需要都很容易满足，唯有价值感和尊严感却常常成为最难以满足的需要之一。

当妻子坚持让丈夫穿着名牌服装去赴宴时，她就是在表达这种需要。尽管旧车依然状态良好，还是买了一辆新车，这也就是在满足炫耀自我的愿望。

人们甚至会改变自己的个性去赢得别人的认可。人们同样认为在公共场合应比在家里文雅，因此才掩饰那些不为人接受的行为。这些都是情理之中的事。

◇ 自我实现需求

这种需求就是许多不热爱工作的人转向其业余爱好从而得以发泄的原因，同时也是许多人埋头于工作的原因。

许多年轻人踏入社会，并且努力做他们自己的事情，从很大程度上说，这是他们实现自我的一种表现——这种需要被马斯洛称为"自我实现"。

领导者进行激励，首先应了解所激励的员工想要满足的是哪一种需求，从而有的放矢，使领导激励达到最佳效果。

2. 以满足需求来激发下属的热情

作为领导者，仅仅了解下属的内心愿望还不够，不要以为多发奖金，多说好话就能调动员工的积极性。人是很复杂的，要让他们为你竭力工作，需要你施展更细微的手段。

◇ 让下属了解工作目标

领导者要让下属了解工作计划的全貌及看到他们自己的努力成果，下属越了解组织目标，对组织的向心力越强，也会更愿意充实自己，以配合组织的发展需要。所以领导要弄清楚自己在讲什么，不要把事实意见混淆。

下属非常希望上级和他们所服务的组织都是开放、诚实的，能不断提供给他们与工作有关的组织重大信息。

若未充分告知，下属会对组织没有归属感，能混就混，不然就老是想换个新的工作环境。

如果能充分了解组织信息，下属不必浪费时间和精力去打听小道消息，也能专心投入工作。

◇ 授予他们权力

授权不仅仅是封官任命，领导者在向下属分派工作时，也要授予他们权力，要帮助被授权者清除心理障碍，让他们觉得自己是在"独挑大梁"，肩负着一项重要的职责。方法之一是让相关人士知道被授权者的权责；另一个要点是，授权之后，就不再干涉。

◇ 给他们好的评价

有些下属总是抱怨说，领导只有在下属出错的时候才会注意到他们的存在。身为领导者，你最好尽量给予下属正面的表扬，公开赞美自己的下属，至于负面批评可以私下再提出。

◇ 听他们诉苦

不要打断下属的汇报,不要急于下结论,不要随便诊断。除非对方要求,否则不要随便提供建议,以免"瞎指挥"。就算下属真的来找你商量工作,你的职责应该是协助下属发现他的问题所在,你只要提供信息和情绪上的支持,并避免说出像"你一向都做得不错,不要搞砸了"之类的话。

◇ 奖励他们的成就

认可下属的努力和成就,不但可以提高工作效率和士气,同时也可以有效建立其信心、提高忠诚度,并激励下属接受更大的挑战。

◇ 提供必要的训练

支持下属参加职业培训,如参加学习班,或公司付费的各种研讨会等,不但可提升下属士气,也可提供必要的训练。教育训练会有助于减轻无聊情绪,降低工作压力,提高下属的创造力。

3. 关注高成就者的精神需求

许多人是为了生活而工作,也有不少人在工作中找到了乐趣。这是由每个人对待事物的态度不同造成的。

有一个古老的故事,讲的是三个砌砖墙工人的工作态度。

有人问:"你们在干什么?"

第一位工人答道:"砌砖墙。"

第二位工人答道:"我在做每小时赚10元钱的工作。"

第三位工人则答道:"你问我?我在建造世界上最伟大的教堂!"

由于每个人的工作态度不同,他们所发挥的效能自然也就不同。

在你的下属员工中,有些是低成就需要者,有些是高成就需要者。针对不同的成就需要者,你要采取各自适宜的激励方法。

对于低成就需要者,金钱物质方面的激励效用更大一些。

有一篇综述报告概括了80项评价激励方式及其对工作效率影响的研

究，其结果显示：

对于低成就需要者来说，根据工作进度设定目标时，效率平均提高了16%；

重新设计激励机制以使工作更为丰富化，效率提高了8%～16%；

让下属参与决策的做法，使效率水平提高了不到1%；

以金钱作为刺激物却使效率水平提高了30%。

> 现代组织的领导者应该更多地关注组织成员的需求，采取一定的激励手段激发他们的工作热情和对组织的认同，实施积极的领导。

高成就需要者的不同之处在于：他们渴望把事情做得更完美。他们寻求那种能发挥其独立处理问题能力的工作环境，他们希望得到有关工作绩效的及时明确的反馈信息，从而了解自己是否有所进步，他们喜欢设立具有适度挑战性的目标。

高成就需要者不是赌徒，他们不喜欢凭运气而获得的成功。他们愿意接受困难的挑战，并能承担成功与失败的责任，但他们不愿使结果受运气或他人的左右。也就是说，他们不喜欢接受那些在他们看来特别容易或者特别困难的工作任务。

高成就需要者对于自己感到成败机会各半的工作表现得最为出色。高权力需要者喜欢"承担责任"，喜欢竞争性和地位取向的工作环境。高成就需要者喜欢能独立负责、可以获得信息反馈和中度冒险的工作环境。在这种环境下，他们可以被高度激励。

芬兰最大的清洁服务公司——索尔公司总经理莉萨·约罗宁女士，被称为芬兰企业界女杰，她创造性地实行了与众不同的管理方式——成果领导。

她的公司对员工没有规定明确的工作时间和地点，工作时间是有弹性的，每个员工都可以根据自己的节奏和兴趣去工作，公司仅对员工的工作成果进行跟踪、监督和验收，并且依据每个人每月的工作成果付酬和奖励。实行"成果领导"后，公司员工不仅没有消极怠工现象，反而更加勤奋，主动把工作指标定得很高，并努力完成和超额完成任务，公司因此得到迅速发展，年营业额达到2亿芬兰马克，成为同行业的佼佼者。索尔公司也获得了芬兰政府颁发的全国质量金奖和企业管理科学研究委员会成绩卓越企业奖。

领导者实施激励的基本指导思想是正确评价员工的工作成果，合理分配价值，满足员工高层次的需要。因此，你为高成就需要者提供的工作和任务要能促进员工的个性发展，能给他们带来事业上的成就感，满足他们实现自我价值的愿望。指派的工作和项目的难度可以稍稍超出从事者的能力，使之具有挑战性。任务的形式和构成要让人觉得似曾相识，使人感到过去曾享有的快乐会再次降临，这就使新的创造有了可靠的基础。

四、逆向激励，激发下属的潜能

人的心理也可以被压发。所谓压发，就是指与正向激励相反的反向激励。这种激励法，是指领导者通过向下属的心理施加反向的负刺激，来激发他们的自尊心和荣誉感的方法，表达诸如否定、惩罚等，来触动他们的自尊心，从而使他们从内心产生一种保持自尊的强烈意念，驱动他们的积极性和创造性。领导者正确运用反向激励法，可以收到事半功倍的效果。

1. 惩罚与激励并用，效果加倍

领导者在管理下属时经常会碰到这样一个难题：是以激励还是以惩罚为主。这涉及管理学中的理论，即把人的本性看作是向善的还是向恶的，如果认为是向善的就会以激励为主，通过激励来达到激发员工的工作热情、提高工作效率的目的；如果认为是向恶的就会以惩罚为主，通过严惩来规范员工行为，使下属在制度规范的约束下，集中精力工作，提高工作效率。

事实上，在具体的操作中往往是二者并用，做到恩威并施，激励和惩罚并用。但问题是有的管理者不善于惩罚，只善于激励，而有的领导只善于惩罚，而不善于激励。尤其具体到一件事情上，比如下属犯错误时就只有惩罚，似乎不惩罚就不能起到杀一儆百的作用，就不能体现规章制度的严肃性，就不能显示管理者的威严。

惩罚是应该而且是必要的。但是，当下属犯错误时，不应只给予惩罚，还可适当给予其激励，运用恩威并施的方法，甚至可以达到单纯奖励所不能达到的目的。

某公司有一位业绩名列前茅的员工，她认为如果改进一项具体的工作流程可以使效率翻倍，于是向上级提出过改进的建议，但没有受到重视，主管反而认为她多管闲事。一次，她私自违反工作流程。主管发现了就带着情绪批评了她。她不但不改，反而认为主管有私心，于是两人就吵翻了，主管将此事报告给经理。

于是，经理这把这位业务尖子叫到办公室谈话。经理没有一上来就批评她，而是态度非常随和地让她先叙述事情的经过，并和她交换意见和看法。经过交流，经理发现这位员工确实很有想法，她提出了正确的建议，还指出了许多现行的工作流程和管理制度中存在的不完善之处。

而对于这名员工来说，经理能这样朋友式地、平等地和她交流，而且如此真诚地聆听她的意见，她感觉受到了重视和尊重，她的反抗情绪渐渐平息下来，从开始只认为主管有错，到最后承认自己做得也不对。在经理试探性地询问下，她也说出了她的错误应该受到的处罚程度，最后高兴地离开了办公室。

此后，经理和主管交换了意见，最后让这位员工在班前会上公开做了自我检讨。员工十分愉快地甚至可以说是怀着感激之情接受了处罚。经理还以最快的速度对那项工作流程做了改进。

事情过后，这位员工一下子改变了原来的傲气和不服情绪，积极配合主管工作，工作热情大增。大家说她好像变了个人似的。

既然下属违反了规章制度，就必须处罚。不然，就等于有错不咎，赏罚不明。但如何罚？简单地照章罚款了事只是常规的做法。这容易激化矛盾，使下属与上级之间关系紧张，不利于组织的管理。

因此，在惩罚下属时，应该惩罚与激励并用。那位下属之所以愉快地接受处罚，最关键之处是她认为不正确的问题得到了改进，她的意见被采纳了，她的才能得到了肯定。在朋友式的交谈中，她认识到自己做错了（而不是领导或他人指责她做错了），她能不改吗？

被动地改、消极地改不是彻底地改，有可能要留后遗症，随时可能反弹。朋友式地、平等地交流问题和看法，会使下属有被尊重感，有某种意义上的心理满足感，下属会感觉到这样的领导可信赖，能解决问题，就会把自己看到的问题毫不保留地提出来，这等于让她积压已久的情绪得到了倾诉，心理的压抑感解除了，能不轻松愉快吗？

变惩罚为激励的方法还可以体现在一张小小的处罚单上。或许有人认为，处罚单就是处罚单，有什么好说的？实际上，处罚单上大有学问！

一家企业重新制作处罚单时，对其进行了改进，在处罚单上加了一句话："纠错是为了更好地正确前行。"而且还把单子上"处罚单"三个字改为"改进单"。单子印出来之后，大家都说这句话加得好。这样的处罚单比单纯严肃的处罚单效果要好得多。

以往所有的处罚单都是清一色的严肃面孔，一句多余的话都没有。加上了富有人情味、文化味、教育性和启迪性非常强的一句话，处罚单的面孔立即由严肃、冷酷、无情变得慈祥、企盼和充满着希望。当员工接到处罚单的时候，看到了这句话，心理上会发生一系列的变化，由本能的反感、抵触到理解，最后到改进。所以，单头叫"改进单"可谓是点睛之笔。在处罚单上做一小小的改进，面目大为改观、境界迥然，这就是处罚的艺术，处罚本是反面教育，这样就变成了正面教育，鼓励改正错误，激励下属向积极的方面发展。

2. 化消极为积极，惩罚也能出效果

惩处也不是真正的目的。"惩"的主要作用就是化消极为积极。就认为任何惩处的发生，其内容都毫无作用；惩处的关键在于让员工害怕受到惩处。

在一次战役中，拿破仑的两个兵团打了败仗。这两个兵团都是拿破仑

的精锐部队。这次失败后，拿破仑召集这两个兵团的全体士兵，伤感地对他们说："我感谢你们以往的英勇，但你们这次由于轻视敌人而战败，使你们已不能再成为我的士兵了。"

他当即命令人在这两个兵团的军旗上写道："我们已不再是拿破仑的士兵。"这两个兵团的士兵个个痛哭流涕，羞愧难当，他们边哭边求拿破仑再给他们一次做他的士兵的机会。

果然，在下次战役时，这两个兵团的士兵奋勇杀敌，赢回了做拿破仑士兵的荣誉。

领导者要有容人之量，要能给手下的人有希望和机会之感。在上面举的拿破仑的例子就是最好的说明。

如果"惩"不能触动人心，就没有施行的必要。

当下属犯错时，你有必要提出一些惩处意见，这种工作更为微妙。惩处要比奖赏更讲究方法，你在指出下属错误时要注意以下几点：

- 惩处人时要和对方坦诚相见，不能态度暧昧；
- 惩处人时要就事论事，不能翻旧账；
- 不要伤人自尊；
- 切勿过于仰仗权力，应仰仗道理，不然会引起对方的反感；
- 惩处人时不能存轻蔑心，不能有轻蔑的举动和言行；
- 你要牢记惩处的理由，要言有所指，不能任意发挥；
- 你的惩处如果不能让对方找到正确的道路，那么它就会变成发泄愤怒和推卸责任的无谓指责，这可要不得；
- 要有诚意地和对方探讨产生错误的原因和解决的办法；
- 对待各种下属你应采用不同的方式。

总之，你在惩处下属时必须记住：惩处是为了尽早解决冲突，而不是为了发泄和让对方感到难堪，也不是为了让对方恼恨或产生敌对情绪。

一位企业领导者曾说过："**我在指出下属的错误前，就会先想好如何让他在谈话后主动和我笑着握一下手再离开办公室。**"

有位从事人事工作的人说道："什么是人事，也就是人做的事和做事的人罢了。"

你在实行赏罚之时,必须对"人"和"事"认识清楚,不要因人废事和因事废人。

现代企业的发展实践表明:人与公司的成长和发展都是由快速、大量制造错误来成功的。公司不但要生产商品还能生产人才,公司如果因事废人,那么该公司将不断重复低级的错误。

所谓的不因人废事即指赏罚分明,令出则行令禁则止,不因好恶采用行动。

你应做到"憎恨之人,有功必赏;心爱之人,有过必罚"。

仇人也要封赏,喜欢之人也要罚。因为赏罚虽看似一人一时一事,但影响却很大。像孙武"宫廷演阵斩嫔妃"的行为,其内容看似无关紧要,但关键在于其态度鲜明地显示了出来,对群体产生了前所未有的震撼影响。

不因事废人是以发展的眼光看问题。人都各有所长,各有其短处,切不可以将人一棒子就打死,特别是在创业之初,很多业务都是第一次接触,员工难免会犯这样或那样的错误。

那些敢暴露缺点的人才是能改正缺点的人。出色的领导者不但能及时发现并指出员工的错误,还要给员工改正的机会。

3. 追寻奖励与惩罚的最佳结合点

奖罚是规范人们行为的有效杠杆,是激励员工的基本手段,但究竟奖励和惩罚如何恰当配合、综合运用,这历来是管理者和管理学家们争论的一个问题。一般来说,管理者在实施时要注意以下几个方面。

◇ **奖励和惩罚要相互结合**

奖励和惩罚虽然是激励的两种不同手段,但在实施时常常是紧密联系,不可分割的。有奖有罚,有罚有奖;先奖后罚,前罚后奖;奖中有罚,罚中有奖;多奖少罚,少奖多罚,等等,都是我们在日常激励实践中经常遇到和运用的。任何地区、任何单位,为了调动人们的积极性,为了规范人们的行为,必须同时制定奖励和惩罚条例并保证严格实行,不得轻视或取消任何一方。为了保证激励的有效性,在赏罚时,要将赏罚的标准和受赏罚对象的情况向集体成员做实事求是的介绍,并施以大家都能接受的赏罚形式,帮助大家正确认识赏罚的目的和作用。只有这样,才能起到奖励一人、带动全体,处分一人、教育一片的目的。

◇ **以奖为主,以罚为辅**

在奖罚的实践中,要有主有辅,有重有轻,不可同等对待,平分秋色。一般来说,奖励的次数宜多,惩罚的次数宜少;奖励的气氛宜浓,惩罚的气氛宜淡;奖励的场合宜大,惩罚的场合宜小;奖励宜公开进行,惩罚宜个别进行;对可奖可不奖者奖,对可罚可不罚者不罚;在制定奖励惩罚条例时,要考虑到人们的期望值和承受力。如果"奖"经过努力也达不到,"罚"经过努力也难免,这样的奖惩条例是不能达到激励目的的。

奖罚的要义是:鼓励良好行为重复再现,而不仅仅是消除不良行为。下属的行为可以分为三种:良好行为、平常行为、不良行为。仅仅消除不良行为的组织,是业绩平平、没有活力的组织。奖励的作用在于鼓励良好行为重复再现,处罚的作用在于抑制不良行为重复再现。从这个意义上来讲,必须多奖少罚。

◇ **奖惩适度**

只有奖惩适度才能服众,也才能起到激励效果。如果奖惩无度,小功大奖,则助长人们的侥幸心理;大功小奖,则缺乏应有的激励强度;小过重罚,会加重挫折心理;大过轻罚,不足以纠正非期望行为。所有这一切都会在员工中产生不公平感,因而达不到调动员工积极性的目的。

若要做到奖惩适度,就要求领导者出以公心,一视同仁,摒弃个人恩怨和私心杂念,真正如韩非子所说:"诚有功,则虽疏贱必赏",而且不打折扣;"诚有过,则虽近爱必诛",决不徇私包庇。

◇ **奖惩应指向具体行为**

奖励应该和下属的具体行为挂钩,使他明确地知道:什么行为是被领导者欣赏的、需要加强的。比如,有的领导给下属发一笔奖金,并且表扬下属说:"你的工作很出色,给你100元奖金。"这样的奖励效果就比较差。因为奖励没有和具体行为挂钩,奖励失去了行为导向效用。类似"你的工作很出色"的界定,含义模糊,指向不明。当然,还有一种更加糟糕的奖金发放方式,定期地出现在许多企业员工的工资单上,往往出现若干元的奖金数额,却没有任何说明。这样的奖励方式就属于"投资大,效果差"。同样的道理,处罚也应指向具体行为,才能使下属明确知道:什么行为是要被抑制的。

> 在实际的赏罚执行过程中,究竟是应该厚赏重罚,还是应该薄赏轻罚,这并无定论,领导者应根据环境、形势灵活掌握。只有寓变于其中,才能真正对赏罚这一激励手段运用自如。

4. 发挥逆向激励的最大作用

就人的心理而言,每个人都无不希望追求自己的安定感,不愿让自己的前途每况愈下。所以,身为领导者正可利用人的此种心理,对员工采取一些逆向的激励手段,那就是,对他们进行处罚。

当然,一般人被处罚,心理上必然会产生强烈的不满和屈辱之感。然而,此种不满同时也能唤醒沉睡中的上进心,亦即形成所谓的"心理补偿作用",此种作用大多能成为奋发向上的动力。换句话说,如果让下属从事低于自己能力的工作,对方便会殷切地希望恢复自己原来能力所及的工作。如此一来,上进之心油然而生。而在恢复原本职位、工作的同时,可形成积极学习的态度。

如果将此种心理运用在体育运动方面,例如贬低选手,便可明显地发现其效果。以职业棒球为例,对于球队获胜起重大作用的球员,也许在一开始的重要比赛中成绩并不理想。此时,教练可予以严厉斥责:"以后尽管投直线球吧!"而让他不断练习投下场线球,甚至派他去练习击球。由于他所投出的是直线球,所以一再被对方击出好球,这对投手而言,实在是莫大的耻辱。因为被贬低,而使他尝到屈辱的滋味,此时,反而使他燃起不甘认输的斗志,最终发奋图强,成为一流的明星球员。

这种情形就像一个自认为无法跳过一道渠沟的人，若能够退后几步，再冲刺向前跨越便能够越过，心理学上称此为"助跑效果"。利用下属这种心理来引发他们对工作和学习的兴趣，激励他们的斗志，往往可以达到事半功倍的效果。

领导者要贯彻自己的用人意图，发挥下属的整体力量，需要组织有统一的行动和意志。而统一的行动和意志，需要靠严格的法纪去实现，靠威严的治理手段去巩固，倘若指挥不灵，兵不服将，将不从帅，整个组织系统就成了一盘散沙，管理机器就很难保持正常运转，实现管理目标也就成了一句空话。因此，为了建立有序的组织，严明的纪律，历代杰出的领导者，都主张运用"杀鸡儆猴，敲山震虎"的谋略，及时抓住个别害群之马从严处理，以教育多数下属遵纪守法，服从指挥。这种选择个别典型惩一儆百，以确保整个领导活动得以顺利进行的用人谋略，在现实中有其独特的作用。

春秋末期，齐景公听从大夫晏婴的建议，任命田穰苴为将，带兵反击晋、燕联军。根据穰苴的提议，齐景公又派自己的宠臣庄贾作监军，穰苴当即与庄贾约定第二天中午在营门会齐。穰苴提前到了军中，立起测定时刻用的标杆和滴漏盘。等到午时已过，庄贾还没到达营门，穰苴就放倒时标，倒掉滴漏盘里的水，入营行使职权，整顿军队，宣布军令。一直忙到黄昏时刻，庄贾才面带醉容而来，推说亲戚们设宴饯行，所以来迟了。穰苴即刻斥他恋小家而不以国事为重，随即把军法官叫来问："按照军法，无故误了时间的如何处理？"答曰："该斩"。庄贾听后十分害怕，赶紧派人飞报齐景公搭救。没等派去的人回来，穰苴就斩了庄贾示众，全军将士吓得发抖。此时，齐景公派来的使臣匆忙闯进营中，拿着圣旨宣布赦免庄贾。穰苴说："将在外，君命有所不受！"又问军法官："乱在军营中跑马该如何处理？"答曰："该斩"。穰苴说："君主之使，不可杀。"于是杀了他的随从和驾车的左马，让使者回去报告，然后率军出发。这样一来，全军没有一个敢违抗军令法纪的。穰苴在坚持严和刚的同时，也很注意爱和柔。在行军途中，他非常关心士兵，照顾病号，并能与士兵同甘共苦，军队的士气大振，战斗力明显提高。晋、燕联军闻讯后，急忙回渡黄河撤退。穰苴率军直追，很快就收复了失地。

从这件事例中，我们可以看出，运用惩鸡儆猴谋略，对于严明法纪，统一意志，统一行动，将起到多么重要的保证作用。

5. 过犹不及，必须善用惩罚

在大力倡导"以人为本，有效激励"的今天，我们仍不能忽略惩罚的功用，关键是要善用惩罚。

长期以来，惩罚在组织管理中的地位和作用一直是一个引人争论的话题。尽管美国有行为科学的相关研究表明，在对下属行为的长期管理中，采用以正面强化为主的办法，通常比压抑性控制更有效，但惩罚在管理中自有其应有的地位，其在组织中的广泛应用便证明了这一点。显然，在实际工作中，许多领导者喜欢运用惩罚，是因为惩罚容易在短期内很快奏效，可以立即矫正员工的不良行为，确保组织正常有效的运行。

但在现实的组织管理中，惩罚管理的现状却令人担忧。主要体现在以下几方面。

①惩罚手段呈现简单化和两极化。尽管大多数组织都将惩罚分为口头批评、一般处罚、严厉处罚和辞退几级，但在实施惩罚过程中，众多企业用得更多的是批评和辞退两种。这种情况在西方企业中尤为突出。这固然是由于口头批评与辞退易于操作和执行，而一般处罚和严厉处罚则较难确定标准及统一实施，但这更反映了许多企业疏于管理，为了追求高效率而不惜将管理简单化的现实。

②员工对组织的惩罚制度的满意度普遍较低。惩罚作为一种管理手段，若不能为被管理者认可，就是极不成功的，即使短期内奏效，也会埋下长期的祸根。往往使员工一时间不知自己错在哪里，等到恍然大悟时，怨恨和抵触情绪早已生根了，惩罚的教育功能也无从发挥。

具体执行惩罚时，领导者必须首先认识到惩罚是一种教育手段，合理的惩罚教育才能取得较好的教育效果。其次，领导者还必须始终坚持公平性原则、适度性原则，面对因懒散、失职或渎职所造成的不良后果，控制反感和恼怒的情绪，保持理智冷静的态度，做出合情合理的判断和决策，使错罚相当。此外，还应注意以下五个原则。

◇ **惩微原则**

古人常说："勿以善小而不为，勿以恶小而为之。"对人的微小善举，不一定要给予正式的奖励；然而，对人的微小恶行，却不能不给予某种形式的惩罚。因为人们的不当行为，一般总有个量的逐步积累过程，应将问题解决在萌芽阶段，防微杜渐，甚至在问题还未出现前就预测到可能的倾向，及早采取措施，尽可能少地依赖惩罚措施。即使必须惩罚，也要遵循惩微性原则。

> 优秀的领导者总是能做到未雨绸缪，在部属滑向泥坑前，及时设立"禁止通行"的黄牌，或者对初犯者予以适当的批评、惩责，以免将来病重时下猛药。

所以，领导者应注意各类小问题的发展及其对众人的影响，要重视"惩微"以"杜渐"。

◇ **沟通原则**

惩罚总发生在员工的不当行为之后，要惩罚他，必须了解他做了什么错事，违反了什么规定，更要弄清楚他为什么违反这个规定。比如一个一向工作认真的文秘近期总是打错字或迟到，领导者就有必要在做出惩罚之前和她进行有效沟通，弄清情况，查明原因。若她的错误源于可以原谅的原因，但为了严肃纪律，表明公司制度的公正而不得不罚，此时，酌情给其一定的惩罚会使她口服心服。

◇ **及时原则**

根据中止原理，当员工错误行为开始出现时就给予及时的惩罚，这样错误的行为就会与惩罚所起的焦虑、恐惧等经验相连接，那么员工就不得不中止行为，惩罚也会相应结束。这样员工会清楚地认识到：惩罚的引起与结束都是自己的行为造成的，以后就会避免出现类似行为。如果在员工不当行为发生之后很久才施以惩罚，就会使他不十分清楚受罚的原因，甚至有些员工还会认为是管理者对他个人有意见而故意找茬。

◇ 反馈原则

惩罚只教人们不做什么，而没有教人们去做什么。因此，领导者在实行惩罚的同时必须给员工指明替代性行为，当员工做出了管理层所希望的替代行为时，最重要的是领导者及时地给予反馈，对此进行正面强化。如果员工受公司派遣外出学习，但未能较好地完成学习任务，如未能通过结业考试，公司罚他先付一半培训费用，同时限期完成学习任务，达到结业要求，若此员工如期完成任务，那么另一半费用则由公司负担。当一项惩罚措施执行之后，并不以此为对某个人不良行为管理的结束，而是管理者向员工指出了"限期改正"这样的替代行为，并根据这种替代行为符合要求的程度给予及时的反馈。

◇ 综合原则

惩罚过程涉及的因素一般包括：执罚的方式、惩罚的类型、被罚者的态度等，在实践中要综合地协调和处理各要素之间的关系，使之发挥系统的最大功能。

第七章
领导协调术

现代领导者，所面对的人际关系之复杂，环境变化之迅速，远非普通人所及。由于领导者是一个组织的首脑，负有总揽全局的责任，他们在领导过程中要与各种各样的人发生关系，形成了上下左右、纵横交错的人际交往网络，而且也必将面对着种种人际矛盾与冲突。这就要求领导者拥有高超的协调艺术。协调是领导工作的基本方法，缺乏协调能力的领导者，无法保证组织运行的正常秩序，甚至会造成组织运转的瘫痪。因此，领导者必须掌握高超的协调技巧，摆正工作关系，处理好人际关系，调适与环境的关系，只有这样，才能顺利地开展各项工作。

一、协调是领导工作的基本方法

协调不是可有可无的。一个组织中各种利益关系不可能自动和谐,总有这样那样的矛盾与缺陷,如果对此置之不理,缺乏领导协调,将难以取得应有的效率和秩序。可以说,协调是组织存在与发展的必要条件。协调可以理顺组织内部关系;协调可以促使组织内差别、矛盾以至冲突缓解,尽可能维持组织的稳定;协调可以优化组织结构及其功能,实现组织成员关系的动态平衡,实现组织发展的良好循环、新陈代谢。

1. 协调是领导者经常性的工作

领导协调是指领导者采取各种措施和方法,使所领导的组织同外部环境,以及组织中的各个部分和组成人员协同一致,相互配合,以便高效率地实现领导目标的行为。领导协调是领导者的一项经常性工作。

可以说,领导活动范围有多广,领导协调的内容就有多广。在日常领导工作中,最常见的领导协调可分为两大方面,即纵向协调和横向协调。

◇ **纵向协调**

领导工作纵向协调是指与有隶属关系或上下属关系的部门或人员之间的协调。

①与上级领导和机关的协调。一是要认真贯彻上级决定、指示和命令,树立下属服从上级的良好形象,取得上级的信任,这是下属与上级协调的前提。二是主动与上级沟通。做到沟通渠道畅通,下属及时上达,采取口头汇报、信息传播、请示报告等方式,使上级了解情况,取得上级支持。三是及时反馈信息。在上级决策前后都要及时反馈信息,使上级了解下情的反应,有利于上级做好决策,完善决策。

②与下属部门和所属人员的协调。一是要经常通报信息和工作情况,

使下属及时了解领导意图，以利于贯彻执行。二是尊重下属的权力和利益，在决策和执行过程中，都要充分考虑下属的承受能力，不损害下属利益。三是要经常深入基层，调查研究，了解下情，主动关心下属的工作和生活情况，增加下属对领导者的尊重和信任，达到上下协调的目的。

◇ **横向协调**

领导工作横向协调是指与其他各部门和领导者之间的协调。

①部门之间的协调。一是目标协调，使每个部门了解自己与总目标的关系和责任，为实现总目标共同努力。二是信息协调，加强沟通与交流，互通情报。三是工作协调，包括计划协调、组织协调、控制协调等，在实现总目标的前提下，协调开展工作。

②与领导者之间的协调，即同级协调。一是相互尊重，做到热情诚恳，严于律己，宽以待人，气氛融洽。二是彼此理解，做到相互关心和信任，消除分歧和隔膜。三是团结协作，做到分工不分家，同心同德，通力合作。四是同舟共济，做到相互协调，相互依存，患难与共。

2. 协调贯穿领导活动的全过程

协调在领导活动中主要有四大功能和作用，**即：统一功能、导向功能、控制功能和放大功能**。

◇ **统一功能**

当今时代，社会分工越来越细，因此，相应的机构、部门也越来越多，所以，领导工作的分工也就越来越具体，这就势必产生和形成了协调各部门之间关系并使之适应自身发展与工作运作的问题。要解决这一问题，领导者必须不断地进行协调，以使上下一致，合力同心，而统一作用则具体表现在统一思想、统一认识、统一行动以及提高工作效率上。

> 统一功能可以使所属部门及人员都能各司其职、各负其责、各尽所能，并在工作中互相配合，互相支持，协调关系，理顺情绪，化解矛盾，增强团结，创造良好的工作环境。

◇ 导向功能

领导者在协调过程中，必然要传达和沟通各种信息。因此，这势必对被协调部门和人员。导向功能就是领导者通过协调过程中的信息交流与沟通，使各部门及相关人员了解领导意图和相关情况，明确工作方向，以便调整自己的工作目标，最后达到整体的协调运转。

◇ 控制功能

不论哪一项工作的开展，协调都是贯穿全过程的重要环节。因此，为了控制不稳定因素，确保组织系统始终如一地向着既定目标平衡发展，领导者就必须根据各种信息的变化，不断进行协调。这种跟踪协调，一般是通过适当的协调方式去排除有害的信息，从而减少不和谐的成分，以保证工作系统按预期目标平衡运作。

◇ 放大功能

如果协调有序，整体的领导工作效能就会大于各部门工作效能之和；反之，各部门工作效能之和就会小于整体工作效能，甚至出现负效能。而领导者的协调作用就是通过对部门内外关系的调整，发挥放大作用，获得最大的整体效能。

3. 做好领导协调工作的基本原则

领导协调工作并不简单，由于面对的协调对象千差万别，如果没有一定的方法，这项工作很容易失误。所以领导者必须在思想上，在原则上整体把握协调工作。

◇ 统筹全局

领导者在进行协调时，首先要掌握好统筹全局的原则。这条原则的基本要求是：一方面要从全局出发，抓住影响全局的关键性因素；另一方面，又要照顾到各个方面，发挥各个方面的应有作用，使之协调一致。

任何工作都有局部和全局、眼前和长远、主要和次要之分。领导者在领导活动中，只有统筹全局，既照顾到重点，又兼顾非重点，把各项工作的关系与次序理顺，使它们相互协调，而不是相互摩擦，才能提高整体效能。

在社会主义条件下，要贯彻统筹全局的协调原则，必须注意及时不断地调节各种利益关系，使个人利益服从集体利益，局部利益服从整体利益，眼前利益服从长远利益；同时，要尽力关心、满足必要的、正当的个人利益。

◇ 综合平衡

领导者组织协调的目的，就在于把各个局部职能联结在一起，形成新的"合力"。因此，领导者在进行协调时，一定要注意综合平衡，不仅要使所属各部门、各单位、各成员都能忠于职守，防止失职现象发生；而且还要使所属各部门、各单位、各成员之间，能分工合作，相互配合，避免顾此失彼和互相扯皮的问题出现。

进行综合平衡，应该持积极的态度，而不应持消极的态度。这就要求领导者在进行协调时，既要保证本单位工作的平衡，又不能因循守旧、墨守成规和害怕变革。

> 领导者在深化改革中，顾此失彼，不进行综合平衡，造成长期失调，这是不对的；借口"平衡"而不思进取、不愿改革，更是不对的。

◇ 主次有序

领导者在进行协调时，要根据总体部署，从下属的实际情况出发，把可能性和现实性结合起来，有计划、有步骤地组织力量实施。要有主有次，抓住重点，照顾一般。要分开轻重缓急，先后有序。不要几个胖子同时进门，挤来挤去，结果谁也挤不进去。

二、找到解决问题的金钥匙

领导协调的目的是要解决工作中遇到的问题。因此，在协调过程中，就应注意掌握方法，采取恰当的对策，以找到解决问题的金钥匙。

领导者日常要处理好方方面面的关系，如凝聚班子成员的团结关系、加强沟通的上下属关系、原则面前的亲属关系、相互交流的友邻关系等。协调好诸多关系，不仅需要良好的政策素质、品格素质、知识素质和能力素质，而且更要讲究方式方法。

1. 领导协调的基本方法

在协调每一件事情时，都要根据协调内容和具体要求，把握住基本点，制定周密细致的协调计划，确立清晰的思路，研究协调中可能遇到的问题及对策。领导协调的基本方法主要有以下几点。

◇ 确立清晰的思路

首先，协调工作要有新思路、新思想，坚持在创新中求发展，在发展中求创新，不能自以为工作经验丰富，就单纯地凭经验办事；不能因为自己是领导，就主观武断，听不得不同意见。其次，要有明确的观点。没有明确的观点，就抓不住主要矛盾，就不能够准确把握各方的实际情况和实际需要。而确立明确的观点，就要根据各方所处环境的不同、从事工作的不同，对存在的问题和矛盾进行认真研究。再次，还要做到心中有数。心中无数，就必然导致工作的盲目被动，甚至导致组织协调工作的失败，要做到心中有数，就要用联系的、发展的观点来看问题，承认差异，照顾个性，具体问题具体分析。**心中有了底数，工作才能有条不紊，忙而不乱，达到最佳效果。**

◇ 掌握详尽的资料

做协调工作需要明确的观点，而明确的观点来自于对情况的掌握，这就要求我们立足需要解决的实际问题，搞好调查研究。如果不进行深入细致的调查研究，就会在协调中失去发言权，就会无所适从。因此，调查必须深入细致，认真了解对方的基本情况和实际需要，以及解决问题所应具备的条件。同时，调查研究要抓住重点，要把有限的时间和精力充分投入到解决重点和难点问题上。调查深入了，重点抓住了、抓准了，还要把工夫下在分析研究问题上。**对调查中收集到的材料，要进行认真的分析梳理，去粗取精，去伪存真，清除材料和信息中的水分，得出科学的结论。**

◇ 把握好原则界限

原则是开启"心锁"的"金钥匙"，原则把握得好，各种矛盾和问题就会迎刃而解，否则，不但旧的矛盾和问题解决不了，反而会增加新的矛盾和问题。协调时要立足于对方的实际情况，把握好原则界限，把协调工作做扎实。把握好协调原则，就要站在讲政治的高度，把握正确方向不偏离政策界限，不偏离原则规定，要在政策规定的范围之内解决问题，一切从实际出发，坚持以事实为根据，既要考虑甲方的实际需要，也要考虑乙方的实际困难；既要考虑甲方的态度，也要考虑乙方的承受能力。把握好协调原则，还要注意，不管是甲方还是乙方，工作中或多或少都有漏洞，协调时要注意补台，不能拆台；多说好话，多介绍优点，不在各方之间说长道短，不在大庭广众之下揭某一方的短处。只有这样，才能促使各方相互取得信任、理解和支持，愉快地接受协调。

◇ 讲究语言的艺术

"良言一句三冬暖，恶语伤人六月寒。"领导者要讲究语言艺术，做到真实、准确、全面。真实，就是不讲假话、空话，说的每句话使人听了都觉得"是这么回事""是这个道理"。准确，就是要抓住焦点，主题集中，要合乎逻辑、结论科学。全面，就是不搞片面性，不说绝对话，办事要周全，说理要全面。在组织协调工作中，针对不同的单位环境，不同的对象，要把双方的思想统一起来，还要多做启发，一定要谨慎，不能伤害他人的感情。否则，就会使工作由主动变为被动，人为地增加协调难度。同时，协调工作是一项启发诱导性的说理，使各方从中悟出道理，达成一致。此外，还要增加语言的生动性、趣味性，用幽默诙谐的语言增强协调的吸引力、感染力，使各方在愉快的气氛中达成共识。

2. 赢得组织成员的信任和支持

有一种说法是，成为一个成功的组织者30%是得自于天赋、地位与权限，其余的70%则得自于该组织的支持。

所谓的天赋是指自小就活跃于群体中，且有不愿屈居于他人之下的个性。地位及权限是指被上级任命为组织领导者之后，在组织内所拥有的职务及权力。相比较而言，在构成领导能力的要素中，群体成员的支持及信赖显然比天赋、地位、权限重要得多。

相反的，不管获得多大的权限和地位，不论上级如何重视、支持，若无法获得团体成员的支持，则只能算拥有1/3的领导力，将来必会完全丧失权威。

支持和信赖究竟是什么呢？从伦理道德的观点来看，我们可以将其认为是人性，是属于人格范畴。若从更现实的方面去思考，就是身为一个代表人的说服力。

领导者即组织代表人，代表人身负着所有成员的共同意见，其工作是为组织成员争取利益，而与组织外的人交涉谈判。 因此，领导者的交涉力、说服力的优异与否就成为成员对领导者信赖及支持的关键因素。组织代表人对外、对上、对有关人士不卑不亢地说该说的话，争取该争取的利益，这种交涉能力就能得到组织成员的绝对支持与信赖。

若交涉不成功时，领导者不但要自咎其责，还应承担所有失败的责任。这种不逃避、不推卸的勇气与风范，将会令所有成员折服，自然产生支持及信赖的感情。

相反的，若领导者每次交涉都失败，并不断地推卸失败的责任，将使成员离心离德，产生倦怠感而拒绝合作。或者，领导者一旦交涉成功，即理直气壮地独占功劳，也会引起成员的反感与排斥。

> 不论是多么小的单位，领导者都必须有身为领导者的意识力，诚心诚意地努力。尽量为成员谋求福利，自然会使成员由衷感动而赢得支持与信赖。

具体地说，要想得到别人的信任，必须在以下四个方面进行努力。

◇ **诚恳而不虚伪**

心理学家曾对 500 余人进行过测试，发现居前几位的优良品质是诚恳正直、坦率、忠诚、真实等，而不良品质主要是不诚信、欺骗、奸诈等几种。

诚恳是人际交往中如金子一般的品质。诚恳的人对待竞争是公开的，竞争时是对手，而等到竞争的胜负确定以后仍然是朋友，这是应该大力提倡的现代人的优良品质。与同事相处时，无论你是否与他存在事实上的竞争关系，一定都要做到坦诚陈述己见、以诚相待。

有些人认为，要想得到同事的好评与赞美，只有阿谀奉承、曲意逢迎、委曲求全等才能做到。实际上，这是极为错误的，结果只能是事与愿违。

培根有句名言："成功与美德是衡量人生事业的两把尺子，同时具备这两者的人是幸福的。"

◇ **随和而不固执**

人们爱将随和理解为讨好别人，将固执孤傲看作不同流合污，其实不然。

随和与固执，是两个完全相反的概念和态度，所导致的结果也相反。

固执的人，相信个人的内心体验，缺乏更为广阔的社会空间概念，他们在自己与大众之间筑起了一道屏障，其结果是把自己孤立于众人之外。

随和是为人亲和、宽容，是热爱生活、热爱他人的表现。随和的人，有人生的快乐，有众多的朋友，对同事和领导都不拘束、不苛求，这样反而更容易让上司欣赏自己，让同事赞美自己，让下属爱戴自己。

◇ **自信而不自卑**

自卑的浅层表现，是认为别人看不起自己，而深层的体验则是：自己看不起自己，即缺乏自信。

自卑的人并不一定真的能力差。

心理学认为：要相信自己是社会进步的动力，首先要相信自己的智慧和潜能，而不是别人。

因此，为了让别人信任你，就请你先相信自己吧！

假如你自己都无法做到相信自己的话，那么别人就更没有任何理由相信你了。久而久之，只能导致这样的恶果：每一位同事都认为你是一个无用的庸才。

> 谁都不会愿意与一个庸才建立融洽亲密的关系，更不会赞美一个庸才。如果一个人自己都不肯定自己的才能的话，他就会被别人认为是一个庸才而得不到应有的信任。

◇ **热情而不冷漠**

热情是一种可以使别人感觉愉快的美好情绪。在工作中，它主要体现在两个方面：一是热爱自己的工作；二是热情地关心和帮助自己的同事。

勇于实现自我的领导者，工作对于他来说，不仅是实现自我的手段，也是心理和人生的美好追求，是欢乐的人生的重要组成部分之一。

因此，在工作中，不仅要爱自己的工作，更要爱自己的每一位同事。只要能对周围的同事表示出无私而又真挚的"爱"，你的"爱"很快就会得到反馈，周围的同事一定会给你回报更多的热情，更大的爱心，也对你更加信任。

3. 善于倾听与整合不同的意见

在出色的在领导者的必备条件中，最重要的是良好的倾听以及善于整合所有成员的意见的能力。即使工作能力不是很出色，或拙于言辞，但若能当一个好听众，并整理、综合众人的意见而制定目标，就是一个优秀的组织领导人才。领导者不能闭门造车，而要不厌其烦地倾听别人的意见。善于倾听的领导者容易使人产生亲切感而更敢于亲近。因此，领导者要谦虚，且要有学习的态度，才能成为一位好听众。相反的，自我表现欲过强者常令人敬而远之。自己有说话的权利，更要有听别人说话的风度，这才是民主的最高表现。

如果在与人谈话时，能设身处地地耐心听人倾诉，并不忌谈话时间的长短，这种领导者必能得到众人的信服。所以，做一个好听众是成为领导者相当重要的条件。现在的年轻人从小便被束缚于一连串的升学竞争之中，使身旁的朋友都变成竞争的对手，很少有真正能知心交谈的朋友，所以，他们都由衷地渴望拥有能倾诉自己烦恼的对象。

能设身处地为别人着想者，便能从对方立场来思考或感觉，因此能让人有体贴温馨的感受。不过，随着科技的日新月异，人与人之间的距离反而愈来愈远，能为人着想的人，已如凤毛麟角，作为领导者具备此条件便更显得迫切。

善于整合大家的意见，就是尽量综合所有成员的意向及想法，再经过分析整理，得出最具有代表性的结论。对于看似互相对立或矛盾的意见，领导者须有能力找出两者的共同之处，并挑出优缺点而予以"扬弃"，以掌握互相对立想法的中心思想，再创造第三个想法。能辩证地整合、倾听下属成员意见者，必然是一位优秀的领导者。即使开头不能做得很好，只要领导以此为努力的方向，终究能成为出色的领导者。

4. 人际关系协调的重点环节

精明的领导者，在疏通协调与上级、同级和下属之间的人际关系时，应主要在以下四个环节上下好工夫，做好文章。

◇ 尊重他人

无论是和上级、同级还是下属接触，都必须尊重对方，这是取得对方帮助和支持的前提。这种尊重，不应该用语言来"表白"，而应该用实际行动来"显示"。唯有这样，才能打消对方的疑虑，使对方深受感动。当然，尊重上级和尊重同级、尊重下属，三者之间从内容到形式都略有差异。尊重上级，随之而来的，就是"服从"；尊重同级，集中表现为"合作"；尊重下属，更多地需要"肯定"和"支持"。

尊重有能力、有水平的上级、同级或下属也许是不难做到的，但是，倘若遇到的是低能的上级、同级或下属，能照样尊重他们吗？同样道理，尊重正确的上级、同级或下属，也许是不难做到的，但是，倘若遇到的是犯了错误的上级、同级或下属，能照样尊重他们吗？

一个成熟老练的领导者，他的交往"功夫"是否到家，恰恰表现在这一点上！

◇ 了解他人

友好相处，亲密合作，必须建立在充分了解的基础上。所谓了解，就是应该尽可能周详地了解上级、同级和下属的长处和短处，并在工作接触中，尽可能使对方展其所长，避其所短，这是避免使对方感到"为难"，并能更加有效地给予对方帮助和支持的重要一环。

> 了解是相互的。在确信对方没有"恶意"的情况下，领导者也不妨将自己的长处和短处无保留地告诉对方，以求得到对方更好的支持和配合。

◇ 给予他人以帮助

人际交往，不可避免地需要"给予"，给予什么？怎样给予？其中大有学问。

先说"给予什么"。答案很简单：给予对方最希望获得的。上级最希望下属圆满完成自己交办的一切任务，尽力为本单位争光，当然也为自己争光；同级最希望互相之间建立起一种携手并进的融洽关系，在亲密无间的友好气氛中进行良性竞争；而下属呢，最希望获得的当然是上级的"信任"，说得确切些，就是困难时刻的"有力支持"，受到挫折时的"热情鼓励"，以及取得成绩后的"及时奖励"。只要你给予对方最希望获得的，你就能赢得对方的心！

再说"怎样给予"。答案也很简单：按照对方最满意的方式给予，按照多数群众最能接受的方式给予。在尽力完成上级交办的任务时，应当牢记"完成任务"必须以"维护国家和民族的根本利益"为前提；在和同级"携手并进"时，应当建立一种健康、纯洁的同志关系，防止滋生庸俗、低级的拉拉扯扯作风；在对下属表示"信任"时，务必做到支持要"适度"，奖惩要"合理"，关心要"适时"。只有符合上述原则的"给予"，对方才"敢"接受，才"愿意"接受，才会感到最为"满意"。

◇ **索取适度**

在人际交往中，和"给予"相对应的，就是"索取"。复杂的现代领导活动，使再有才干的领导人才也不可能单枪匹马去开拓新局面。必须尽可能取得上级、同级和下属的支持、帮助和合作。也就是说，在"给予"的同时，势必要进行"索取"。于是，索取什么？怎样索取？就成为疏通、协调工作中的重要一环，摆在每个领导者的面前。

索取什么？回答也很简单：索取对方"能够"给予的，"愿意"给予的。在从事创造性领导活动时，每个领导者当然都希望获得上级的有力支持。然而，在请求上级给予支持之前，最好先了解一下，上级能够提供什么支持，愿意提供什么支持，切忌强人所难，招致被动。同样道理，当希望获得同级的密切配合时，也最好先了解一下，这种配合对同级是否"有利"，是否超出了同级"力所能及"的最大限度。在要求下属圆满完成某项任务之前，最好斟酌一下：这项行务可能遇到哪些困难，单凭下属的力量能否顺利完成……总之，唯有弄清对方"能够"给予什么，才能摸清对方"愿意"给予什么；而唯有摸清对方"愿意"给予什么，才能恰到好处地进行"索取"。

至于怎样"索取"，情况比较复杂，索取的方式也多种多样。**总的原则是，应该"适时""适度"，尽量避免使对方感到"为难"。**

上述四个环节，是做好疏通、协调工作的关键。

5. 协调上下级关系是一项重要工作

协调关系是领导者工作的一个永恒的主题，在组织机构中，领导者面对的是一个纵横交错、立体交织的关系网。同级之间、上下属之间有很多事情需要协调，这方面既没有具体制度可以遵循，也没有约定俗成的规矩。尤其是在领导团队中，当每个人的综合能力都很强的时候，如果上下属之间的关系很微妙，那么这样的组织机构就存在隐患。因此，协调好上下关系是一个团队首要的任务。

那么，怎样才能协调好上下属之间的关系呢？

互相信任和理解自然是前提，这样即使是在意见不一致的时候，能面对面地摆事实讲道理，理清事实，意见也就统一了。千万不能背后搞小动作，互相拆台。中国足球队前主任教练米卢蒂诺维奇在解决球队大腕儿级球员之间的矛盾时说得好："在这个团队中，你们可以不是朋友，但必须是战友。"上下属之间在领导团队中一定要形成一种战友关系。

协调上下属关系更重要的是双方要认清共同的目标，要把个人理想置于同一组织目标之下。

> 上下属之间能不能合作得好，很多时候并不在于性格上是否互补，而在于对组织的发展目标是否完全认同，以及在实现目标过程中所采用的方法是否互相包容。

战国时期赵国的文臣蔺相如，因出使秦国立下大功被赵王封为上卿，位居老将廉颇之上。而名将廉颇也是为赵国出生入死，屡建战功的人物，平时连赵王对他都很客气。廉颇对蔺相如凭借"口舌之功"而官位比自己高很不服气，总想找茬加以为难。蔺相如为此经常对廉颇避而远之，跟随他的人很不理解。蔺相如对他们说："强暴的秦国不敢侵犯我国，就是因为赵国有廉颇和我，我不能因为个人恩怨，而牺牲国家的利益。"蔺相如的话传到了廉颇那里，廉颇负荆请罪消除恩怨，共同报效国家，在历史上传为一段佳话。

在一个组织中，如果大家朝着同一目标而努力，不但"一山能容二虎"，而且更能快速高效地开展各项工作。

上级的权力要靠下属不走样的贯彻来实现，下属的权力要靠上级的支持才有保证。上下属形成这样"默契"的关系，权力才是有效的。如果下属不贯彻上级的意图，上级不支持下属的行动，权力实际上是无效的。

因此，**双方摆正关系才是真正的解决之道**。领导者如果能够把组织机构中各级关系协调好，就会产生明快的合作线条，如果协调不好，就是一盘散沙，毫无用处。

6. 协调与上级关系的要领

领导者是分层次的，领导者常常也会面对如何处理与上级的关系。尤其当面对不如意的上级时，更要注意掌握其中的协调要领。

◇ 适应平庸无能型上级的要领

假如你的上级属无能平庸之辈，无疑你的命运是很悲惨的。你这匹"千里马"也许会毁在他的手里。但是，你毕竟暂时无法摆脱他的指挥，还要在他的手下任职。这时你应采取如下对策。

①仔细观察上级，如属自身素质问题，则不必苛求。如果上级是你的前辈，就更不必要求他适应年轻人的心理需求，因其不会有与你一起"闯世界"的激情。想改变上级是徒劳的。

②努力发现上级的特点与长处，多肯定、多赞扬，以使他发挥优势并对你产生好感。上级对你的所作所为不反感，无敌视态度，即达到目的。

③只要上级不妨碍你，不干涉你，你尽可以按自己的想法努力去做自己想做的一切，不要把自己的前途、命运寄托在他一个人身上。期望值小一些，你会获得心理上的平衡，减少对他的埋怨。

④如果需要上级的支持，可用你的活力和朝气感染、带动他，尤其要调动集体的力量，耐心和巧妙地劝说。

⑤做知识与才能方面的储备，不可只发牢骚，自暴自弃。平庸无能型的上级也许不会任职很久。

⑥如果上级实在有碍你的发展，不妨再寻一个满意的上级。

◇ 适应优柔寡断型上级的要领

有的上级做事优柔寡断，犹犹豫豫，不能下决心作决定，凡事怕出乱子，胆小，缺乏当机立断的勇气。这种个性会错过许多好机会，无法轰轰烈烈地干事业。对这种怕担风险的上级领导人，你应采取如下对策。

①这类上级领导人的优点是求稳，办事较细致，不莽撞。如果你向他提议，必须仔细推敲你的方案，确信没有漏洞，具有实践的可能性，然后再提出来。这样他比较易于接受。

②这类上级心细、谨慎，有时会出奇地固执，不会随便附和众人的意见，甚至会有强烈的对抗情绪。因此，下属与之谈话不要性急，而应力求自然，待到"两相情愿"时，才会"水到渠成"。

③向这样的上级提的建议，最好与集体的整体要求相一致。如果大家

都赞成，便会促使上级下决心。

◇ **适应独断专行型上级的要领**

有的上级主观臆断，独断专行，经常用命令的口吻同下属讲话，提要求，希望所有的人绝对地无条件地服从，不允许下属有异议，不允许下属有反抗行为。他会想尽各种方法做到"顺我者昌，逆我者亡"。在他手下也许会感到很压抑。面对这样的上级，你应采取如下应对措施。

①不卑不亢，该执行则执行，该拒绝则拒绝，一味服从只能加剧上级独断专行的心理定势。

②创造集体的民主气氛，用集体的力量纠正上级的个人习惯。

③如果觉得个人的抗拒没有结果，就要尽量地减少与上级的正面冲突，以免他形成成见，认为你有意做对。

④寻找机遇，显示出你超越上级的才干、学识与能力，争取他的重视。

⑤通过"认同"与"沟通"，与上级建立比较亲密的个人关系，经常渗透你的思维习惯。

◇ **适应挑剔指责型上级的要领**

有的上级不愿用表扬激励下属，而是好挑剔、指责。这种人有两类：一类是水平较高，认为你应该把一切都做得很好，干得漂亮是应该的，做得不好便是无能。因为他总是用自己的能力和水平要求水平能力不同的下属，所以总是不满意。再一类就是嫉妒心较强者，从不承认别人的优点，没有尊重他人劳动成果的习惯，更不懂表扬的艺术。不会设身处地考虑下属的难处，也不肯亲自去实践，只是坐在上面发议论，以为不挑出毛病，就不足以显示自己的水平高，不足以证明自己的价值。面对这样的上级，你应采取如下对策。

①多汇报，让上级知道你在干什么。不仅汇报困难，更重要的是介绍如何克服困难。

②多请教。工作中多听取上级的建议。你的工作成绩中有他的指导成分，有他的心血，自然他就不会否定，转而会肯定和赞扬。当别人挑剔时，上级也许还要为你辩解。

③迅速摸清上级的工作路数、好恶情况。按上级的要求开展工作,以免费力不讨好,走弯路、白辛苦。

④让上级了解你的全面情况,使其确信在某一个方面的欠缺,并不代表一个人的整体水平。

⑤当上级肯定、表扬你时,要表现得欢欣鼓舞,并加倍努力,以使之感觉到表扬比挑剔更富有魅力。

◇ **适应缺乏信任型上级的要领**

有的上级不够高明,在嘱咐下属做事时,总要加上一句"别搞坏了","小心失败","我怀疑你的能力"等,以为用这样的话便可提醒下属加倍注意。然而事实却相反,下属听了这种话,心中很不快乐,心想:"既然不信任我,那么你自己去做好了,何必要我干?"有的上级因不信任手下人,而邀请其他部门的人来做本该由下属做的事,这更令下属感到气闷。如果你的上级不信任你,可用下列方式做一番尝试。

①做那些你能做得很漂亮、很成功的小事,不要嫌其微小、繁琐。能把小事做得很潇洒,才能把大事做成功。许多上级也常用这种方法考验下属。如果你粗心大意,不屑为之,认为大材小用,造成效果不佳,那么,上级便会认为你是个什么都干不好的无用之才,会更加轻视你。

②不必直接向上级抱怨,表示委屈。可通过要好的同事旁敲侧击。如果上级信任你这位同事则效果更佳,人都会爱屋及乌。

③有了小的成绩不要沾沾自喜、尽力炫耀,而要把名利让给上级,赞扬这是他栽培的结果。他会认为你很明事理,以后愿意把更多成功的机会留给你。

④当自尊心受伤时,要用坚强的毅力去克服困难,相信逆境更可出人才。将对方的不信任化为促使你向上的动力。

◇ **适应工作忙乱型上级的要领**

有的上级工作起来抓不住重点,没轻没重,一天到晚忙个不停,但没有头绪,干不到点子上,使得下属也劳而无功,搅得你不得清闲,心烦意乱。上级工作忙乱的原因有两个方面:一是思想、业务水平低,抓不住主要问题;二是心理素质差,缺乏大将风度,没有养成有条不紊地开展工作

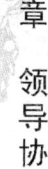

的习惯。面对这样的上级你应采取如下对策。

①以静制动，以稳制乱。下属既要听从上级的安排，又要保持清醒的头脑，可在上级明显的失误处，适当作一些变通和修正。

②出色地完成你的工作任务，以减轻上级紧张、焦虑的心理。

③过于忙碌、气氛紧张时，用幽默和诙谐的语言宽慰上级，以使其绷得很紧的神经得以舒展。

④不要以急躁对急躁，因为上级的心理承受能力有限，你的急躁只能招致更大的混乱。

> 你的上级可能是不如意、不理想的，但要真诚地相信人是有感情的，只要你掌握了上级的心理活动的特点与规律，并克服自身的弱点，便可改善与上级的关系。当然，一切努力都要在保持人格尊严的前提下进行，什么时候都不能放弃做人的原则。

7. 协调与下属关系的十个要领

领导者协调与下属的关系十分重要，这是保证自己领导工作效率的重要内容，也是检验自己领导能力的基本职责。

一是要尊重。尊重是一种巨大的力量。有些领导者由于修养比较差，加之性格方面的原因，遇上不合自己心意的下属，常常说出一些有伤下属自尊心的话。在这种情况下，即使领导者的话是正确的，也不会产生好的效果。

二是要信任。凡属下属职权范围内的事情，要充分信任他们，放手让他们大胆去工作。对下属最忌半信半疑，让他干了，还总不放心，这会影响下属积极性的有效发挥。

三是要体谅。遇有下属工作失误时，要给予充分的体谅，主动为下属承担责任，切不可推过揽功。有了成绩是自己的，有了错误是下属的，这种领导者不仅不被信任，而且受人防范。

四是要支持。对下属提出的意见和设想要重视，只要对事业和工作有利，即使与自己的想法相左，也要给予积极支持，尽量促其早日实现。如建议不能采纳，也要做好说服解释工作，以免挫伤下属的积极性。

五是要鼓励。对下属应多进行表扬，即使是很小的成绩也应及时地肯定，使下属感到上级对他的注意和赞赏，从而提高工作的积极性。

六是要商量。对下属布置工作，一般要采取商量的口气。不要以为自己是领导者就采取下命令的方式。商量可以调动下属的积极性，引导他们谈出自己的想法和意见；命令意味着只能服从和执行，不利于集思广益。

七是要帮助。对下属的工作要以诚恳的态度给予热情的帮助。下属工作有了失误，要帮助下属分析具体原因，总结经验教训，并找出解决问题的办法。需要批评下属时，也要有分寸，如本人已经认识到了错误，就不要抓住不放。

八是要冷静。如与下属发生争执时，作为领导者头脑一定要冷静，要用理智控制住感情，先让下属把话讲完，然后再根据具体情况心平气和地妥善处理。

九是要体贴。情感是一种巨大的力量，领导者对下属的工作、学习和生活要关心体贴，要经常了解下属的思想：他目前在想什么？他最关心的问题是什么？他有什么困难需要帮助解决？等等。如果领导者真正这样做了，上下属之间的关系一定能亲密无间。

十是要带头。领导者要严于律己，处处起表率作用。要求下属做到的事情，自己首先必须做到；自己必须做到的事情，不一定要求下属都做到。不能完全用衡量自己工作好坏的标准，去衡量下属的工作；也不能用领导者应达到的标准去衡量群众的行为。在这方面如不注意，也会影响上下属关系。

8. 控制好组织内的"小山头"

物以类聚，人以群分。凡是有人的地方，就有各种各样的帮派小团体存在。

组织小的时候"小山头"问题较少，组织一大，"山头"问题就自然而然地来了。这种"山头"在开会的时候很容易看得出来，因为他们总是会一帮一伙地聚在一起叽叽喳喳。他们的确在讨论组织的问题，他们的确有自己的看法，但是他们不愿意把自己的看法拿到桌面上去讨论，而宁可在下面乱发牢骚。有时候他们的看法也会拿到会议上讨论，那是在各个"山头"的"大王"们在为自己争夺地盘展开激烈争吵的时候。

凡是有资格、有能力在组织内部拉起山头的人都是颇有能量的人。他们或者是因为在组织工作的时间长，或者是某个方面的专家，或者是有真本事而自己认为没有得到重用，如此等等。一般说来，这些人的周围都有一批人，这批人是他们的"领袖"的忠实的或者不忠实的追随者，他们往往有着自己小团体的利益，这种小团体未必是组织的某一个部门或者某一个分支机构，他们因为不同的缘由而划分。这就是所谓的拉帮结伙。

"山头"之间往往是矛盾重重甚至是势不两立的。一旦组织的决策影响到某一个"山头"的利益，"山大王"就会找领导讨说法，领导也就会有很多的麻烦。组织甚至会因此造成四分五裂的局面而不可收拾。

所以，从理论上讲，在组织内部是不能允许拉帮结派、"山头"林立的。但是，要完全消除这种现象几乎是不可能的。人们的想法不可能完全相同，认识事物的方式也不尽相同，处事的水平不一，对各方面的要求不一，所以在某些问题上看法相近的人会很自然地聚集到一起，时间一长，就自然地形成了不同的群体。

领导者必须防范的是那些居心不良的人，他们拉帮结派是有目的的。不管其表现形式如何，其目的往往是不可告人的，结果只能对组织的发展带来消极的破坏性影响。

> 喜欢拉帮结派的人往往是"小人"，他们为了自己的利益，可能在组织中以不同的方式拉拢一些人。对于这种人，应该及早发现并且及早清除出去，不管他的离开可能会对组织的发展带来什么样的损失。

组织中的"山头"是每个领导者和高层管理人员深恶痛绝的问题。对于那些已经影响到日常工作正常运转，并且可能引起严重后果的"山头"必须下决心把他们铲平。领导者如果没有这样的魄力，那么最后被"干掉"的就是自己了。

当然，并不是所有的"山头"都一定要铲平。如果组织中的多个"山头"在你的统一领导下获得良性发展，那么组织的整体规模就会不断壮大。

事实上，在组织里，每一个"山头"的崛起可能都意味着组织某一部分业务的辉煌。对此，组织的领导者们必须给予积极的支持，但是不要让他们因此两眼朝天，觉得唯我独尊，应该得到比现在更多的东西。如果领导者对此没有正确的处理，他们不良的膨胀心态就会使事情走向反面，恶性的山头就快形成了。因此，需要付出更多的努力和领导技巧，让"扶持—控制—协调—指导—再扶持—再控制"的过程贯穿始终。

有一句话说："山头再高也高不过庙。"领导者能够俯瞰和控制全局，"一览众山小"，还担心什么山头呢？

第七章 领导协调术

第八章
领导平衡术

平衡,在不同的领域可以用不同的词语来描述,对于世界,平衡就是和平;对于国家,平衡就是稳定;对于家庭,平衡就是和睦;对于个人,平衡就是健康;而对于组织,平衡则意味着良性循环。

平衡是指事物内在和外在的作用力达到均衡时的状态。领导平衡术,是领导者在认识并掌握了事物发展的规律和特点的基础上,使组织在保持平衡的状态下实现稳定发展的领导艺术。

平衡作为一门领导艺术,是领导者微妙的领悟和在心灵的感应中运用自如,而不是用复杂的模型和公式进行计算就能够确定结果的现代领导方法。

一、平衡是一门精彩的领导艺术

领导者把握着组织之舟前进的罗盘和轮舵，他的目标和定位决定组织的命运。平衡应当是领导者追求的最优态势，然而失衡却是组织的常态。在面对组织失衡困扰的时候，领导者如何把握天平的两端使之达到平衡呢？这不仅是一门艺术，也是一项实际的技能。

一般而言，掌握并运用系统的完善的控制方法，是领导者实现组织平衡及协调发展的重要条件。一个精通平衡艺术的领导者，往往能在激情与方法中达到统一。

1. 做精通平衡艺术的领导者

我国研究领导科学的两位学者树强、婧馨在他们新著的《平衡的艺术》一书中对领导平衡术作了深入具体的分析。本篇中的一些观点和论述引自该书，特在此首先作一说明。**一个精通平衡艺术的领导者，就如同围棋高手，能够在通盘考虑之后灵光一闪，一眼看出对手的破绽，落一子而定乾坤。**这是一种顿悟，是一种发自心灵的感应。也如同中国太极功夫大师，以一个轻微的动作可以实现以轻御重，四两拨千斤，以最小的付出得到最大的收益。

超级计算机"深蓝"以每秒上百亿次的计算能力也许能够在64个方格上击败卡斯帕罗夫，但"深蓝小组"也坦承，即使按照几何级数的技术发展趋势，计算机也至少要在五十年之后才能进入人类的围棋赛事，因为国际象棋可以纳入科学的范畴，它有着规则所限的模式和套路，而围棋仍是一门艺术，而且是发端于太极生两仪、两仪生四相、四相生八卦、八卦而生大千世界的哲学本源的一门艺术，是一门以大千世界的平衡为根本理念和根本追求的艺术，它以极其单纯的元素构成极其复杂的混沌，以各种细微的变动而影响着整体性的动态平衡，正如混沌理论中提到的蝴蝶效应，以一只蝴蝶扇动翅膀的力量，可以产生太平洋彼岸一场风暴的效果。

对平衡作为一门艺术的把握，首先需要清楚它所蕴涵的内在特点，而对这些特点的认识则是应用平衡的艺术所必须具备的先决理念。

首先，平衡是动态的。真正的平衡绝不是静止的，而是在运动中实现的，静止的平衡只能维持在一个瞬间，而这个所谓的"瞬间"在时间的纬度上实际是趋近于零的。也许你看过杂技演员转盘子的演出，你可以看到，只要盘子在运动，演员就可以维持盘子在运动中的平衡，一旦盘子静止，平衡也就不存在了，盘子也就面临着粉身碎骨的命运；也许你学过骑自行车，只要保持不停歇的运动，你可以把自行车的平衡维持到你想要的任何时刻，但如果你想停下不动，则很难把"平衡"保持10秒钟，而且这10秒钟也将是在摇摇晃晃中度过的。

其次，平衡是模糊的。从平衡本源的物理学视角来看，所谓"模糊"就是多种作用力集合到一起所形成的状态——而这些作用力的数量和各自力的大小几乎是无法计量的——在这种状态中，各种作用力是很难细分的，如一团乱麻。但如果抛开具体看整体，抛开各种纷繁芜杂的细枝末节来把握事物全貌，模糊是可以被看清的。宋诗中有"不识庐山真面目，只缘身在此山中"。俗语中也有"当局者迷，旁观者清"。这些都可以用来阐述这个道理。而当模糊的整体被看清以后，改变就不再是个难题。

再次，平衡是有惯性的。平衡的惯性体现在参与平衡的各种作用力都具有一种惯性的平衡回归。当某种作用力被外力改变后，撤去外力，该种作用力会向原来的状态回归，使事物重新回归平衡状态。如果外力不撤，在外力不超出容许范围的前提下，其他参与平衡的作用力会向被改变的作用力靠拢，以求建立新的平衡。在现实中我们很容易看到实例：当我们滚动一个轮子的时候，轮子会以一种直立平衡的状态向前滚动。此时在侧向施加一个作用力，轮子会向侧向倾斜，如果施加的侧向力不大且马上撤掉，轮子会恢复直立的平衡状态。即使侧向力不撤掉，轮子也不会马上倾倒，而是以一种新的平衡向前滚动，直至其他的作用力逐渐消失，轮子才会倒下。

最后，平衡是相对的。平衡是事物的内在作用力合力最小时的状态，而不是为零的状态。如同把一个球放到圆底锅里，再把锅平稳地放好，球肯定会停留在最底部。但这个最底部只是相对于圆底锅而言，圆底锅是可以放在任何地方的，所以球的平衡也就是相对于圆底锅所放置的地方而言的。

2. 做一名使巨轮平稳航行的船长

如果说组织是一辆载满乘客的巨轮，那么领导者就是这艘巨轮的船长，他掌控着这艘巨轮远航的命运，决定着这艘巨轮是成为驶向美丽新大陆的五月花号，还是成为长眠幽深海底的泰坦尼克号。这艘巨轮的命运取决于船长承担责任的勇气和信心，取决于船长所选定的远航方向的正确性，也取决于船长高超的驾驶技术——即确保巨轮平稳航行的能力。

正如船长是巨轮命运的掌控者一样，领导者就是组织的行动灵魂和精神领袖，这就是领导者无可逃避的定位。这种定位并不仅仅彰示着作为一名领导者的光环、荣耀和影响力，它更意味着一种必须承担的责任，领导者必须具有承担这种责任的勇气和信心。从成为组织的领导者那一天开始，这种责任便如同一座巍然大山一样压在领导者的肩头：组织的命运在领导者的手中，组织成员的生活、事业乃至命运也都很大程度上取决于领导者的思想和行为。"战战兢兢，如临深渊，如履薄冰"，以"周召共和"开辟了华夏文明史崭新篇章的周公这样感慨地描绘着自己作为一个周王朝实际领导者的感受，这样的感受应当是每一个具有雄心壮志的负责任的领导者共同的感受。

想当一个马马虎虎的领导当然并不难，明朝万历皇帝四十年深居后宫不见外人，求得了一己清闲，却种下了大明王朝的覆灭之根，也为自己留下了千古骂名。一个成功的、优秀的、伟大的领导者或者是在组织成型的混沌之初，或者是在步入高端的登临之际，必须完成的第一件要事就是为自己明确定位，清晰地感受自己的责任，以组织的命运为自己的命运，以组织全体成员的祸福安康为自己全身心的牵挂之所在。

而正如船长是巨轮远航方向的决定者一样，领导者就是组织发展的领路人，领导者为组织设定的目标决定着组织将走上什么样的发展道路。仅仅具备"在黑夜中寻找光明"的勇气和信念仍是不够的，毫无边际的追寻将使得成功如大海捞针一样渺茫，而不切实际的目标却只能导致夸父追日式的悲壮。唯有为组织的前进设定一个可行而可及的目标，才能成功地带领这个组织的全体成员去努力实现这样的目标。作为组织目标的设定者，领导者应当能够看得够远、看得够清楚，而且能在惊涛骇浪之中、雾气迷茫之时挺身站立船头，迅速做出决策，朝着正确的方向前进。

一个成功的领导者应当既懂得设计好自己的未来，也懂得设计好组织的未来，并且能将这二者完美地结合在一起。而一个失败的领导者往往既在自己的人生道路和职业生涯上迷失了方向，也使得组织因徘徊和迷路消耗了能量、耗尽了生机。宋徽宗痴迷于书画之道，虽然在艺术上取得了相当的成就，却完全抛却了作为一国之君应当致力于国富民强的目标，最终落得个在金兵铁骑下丧尽尊严、客死他乡的下场，也没有真正发挥自己全部的艺术天赋。

> 确定目标无疑是一切领导行为的起点，但确保组织在前进途中的平衡则是带领组织顺利走向成功的保障。在领导者有了准确的定位和明确的目标之后，平衡就成为领导者最需要掌握的一门艺术。

3. 平衡对领导者的素质要求

一个领导者是否具备艺术化平衡的潜质呢？在任何一本关于领导学的书籍中都可以找到对领导者特质的描述，著名导演郭宝昌的话也许形象地总结了这种特质：未来的领导者应该"**具有狮子般的野心，老虎般的活力，狼一样的凶残，牛一样的勤奋，10年中至少经历3～5次的重大挫折而仍然站立**"。

但是，一位能够艺术化地实现平衡领导的领导者，除了具有一般领导者应当具备的普遍特质之外，还特别应当强调六个方面的基本潜质，它们是自明、远见、激情、择序、识人和用权。

◇ **自明**

所谓自明，一般是指任何一名领导者都应该特别清楚自己扮演的角色，都需要扮演好这种角色，明确自己面对这个角色应该承担何种责任。而对于精于艺术化平衡的领导者来说，"自明"更意味领导者自我定位的潜质，心灵内省的潜质和协调个体生存状态的潜质。领导者首先要明确自己在组织内部和外部环境中扮演的角色和肩负的责任；其次，领导者应当能够在适当的时候抛开繁重事务的枷锁，审视自己的内心世界，为自己保留一片明净的心灵天空，从而保持心理的平衡；再次，领导者应当能够对个人的生活和工作、家庭和事业、感情和事情进行调和，使之维持一种平衡的状态。

◇ 远见

精于平衡的领导者应当具备"远见"的潜质，必须对未来设定明确的发展方向，既能够用短期的绩效来彰显自己和组织的成就，又能够始终朝着正确的方向前进，带领组织走向光明的未来，在这样的过程中，领导者还应当具有凝聚众人的魅力，向下属展示自己和组织的梦想，并且鼓舞众人为实现这样的梦想而共同努力。

◇ 激情

对自己所从事的工作和事业拥有特别的激情是对现代领导者的素质要求之一。在充斥着动荡和变革的时代，唯有艺术化的平衡方可确保组织在风浪中行动自如，而这种平衡则要求领导者能够真正成为组织的重心，使得组织成员全身心地聚集在自己周围，形成组织抗击风浪的千斤定力。

◇ 择序

能够清晰而准确地判断处理事务的优先顺序，是领导者寻求理事平衡最关键的潜质。要想加强绩效，领导者就必须在有限的时间和资源范围之内，懂得有所取舍，决定到底先做什么，后做什么。

◇ 识人

有一条关于领导者识别组织成员的定律，即著名的"262原则"，就是说，在一个组织中有20%的人是领着大家干，有60%的人是跟着大家干，还有20%的人是在捣乱。这条定律说明，虽然上司、同事和下属都是组织可以依赖的资源，都是企业的绩效伙伴，但是他们可能是企业资产，也可能成为企业的负债。领导者处理人事平衡的先决条件就是要具备"识人"的能力，能够识别组织成员在组织中的作用，识别谁是组织的资产，谁是组织的负债，因人而异，就材施策，才能在组织成员之间形成合力、取得平衡。

◇ 用权

"权力"实质上是一个人影响另外一个人的能力，权力的关键是依赖性，你对他有很强的依赖性，反过来他对你就有很大的权力，权力是领导者进行统御的根本。优秀的领导者必须具有使得他人依赖于自己的潜质，而不是紧紧依靠自己所在的职位来取得权势，赢得他人的敬服。而艺术化平衡的要诀则是领导者必须善于用权，这里的"用权"并不是庸俗化地玩弄权术，而是通过强化不同的组织成员对自己不同程度的依赖性来增强对他们的影响力，使得组织以领导者为中心成为一张"蛛网"。

在通向成功的路途中，遇到各种各样的困扰和烦恼总是在所难免的，为了实现目标，克服困境到达成功的彼岸，成为优秀的领导者，在具备了上述潜质之后，掌握平衡的艺术，就是领导者可以通过学习和训练而掌握的一项十分重要的技能。这项技能要求领导者面对各种问题，不管是自身生活和工作的矛盾，还是人际关系的问题；不管是组织的危机，还是利益的分配，都能够力求"公正"与"公平"，凡事做到平衡。

> 有些领导者虽然具备了平衡领导的潜质，但却没有得到充分的发挥，其重要的原因就是没有通过学习和训练相应的技能来激发这种潜质。

二、把握好天平的两端

在组织的天平两端，放着难以把握的现在和将来，放着难以决策的各种困扰，领导者如何把握以及取舍，将决定组织的平衡发展乃至未来的命运。那么，作为领导者，如何通过不断调整天平的砝码，使得自己从容解决组织内部各种纷繁芜杂的失衡状态，正确地面对来自组织外部的疾风暴雨式的挑战和变化呢？这就需要正确的指导方法，因为任何事件的成功都离不开正确的指导方法，系统完善的指导方法是领导者实现平衡的基点。

1. 失衡是领导者工作中的一种失误

　　管理的难度在于如何保持动态的平衡，对于领导者来说，维持完美的平衡状态其实是一个高难度的考验。虽然平衡是领导者追求的最优态势，虽然你披荆斩棘努力奋战，但是失衡往往不请自来，千丝万缕的矛盾和失衡依然让领导者头疼。

　　很多领导者都面临着人事失衡的苦恼，例如：人员安排不得当，会导致低效率；计划安排不合理，工作难以按期完成；顺序安排有问题，会造成主次不分，重点工作无人做……

　　相对于管理工作的高效率，低效率造成的隐性浪费是非常大的：原来只要一个人承担的工作，需要两个以上人员来共同完成；应该按计划完成的任务反复拖延；应该承担某项工作的部门和人员，因素质低下、能力不能满足工作需要而导致工作混乱无序，失去平衡；当出现部门和人员变更情况的时候，工作交接不力，协作不到位，原来形成的工作流程经常被推翻，人为造成了严重的失衡。

　　或者由于制度、管理等方面的原因，造成两个部门都管同一项工作，纠缠不休，整天扯皮，使原来的平衡反而变成失衡，造成极大浪费。也许某个部门的部分人，当看到一项工作比较紧急，如果不做就会影响到公司利益时，进行了及时的补位。这时就出现了一种怪现象：那么，今后这项工作就由你们来做吧，责任部门反而放任不管了，这也是一种失衡。

　　权力的失衡，往往使管理变得尤为混乱和低效。例如不明确的权力分配，使得下属无法开展工作，导致工作扯皮；授予的权力不足以完成工作任务，致使下属工作久拖不决，工作进展缓慢；不是根据工作需要而是根据工作能力、工作资历、派系关系以及与领导个人的亲疏关系分配任务，造成工作的低效甚至无法进行。缺乏监督的授权，不负责任地下放职权，不仅不会激发部属的积极性和创造性,反而会适得其反,引起他们的不满;将同一件事情授权给不同的人负责,造成双头马车,会造成公司资源浪费。

还有一些事务处理的方面失衡,往往使得组织在发展的路途中磕磕绊绊,非平衡态的组织面临的危机更加危急,甚至面临倒闭的危险,领导者也因此心灰意冷;利益分配的失衡,往往使得企业无法获得更多的投资,无法获得员工的忠心以及顾客的忠诚……

但是,不要过分担忧,正如法国心理学家安格卢斯所说:"在一个走向无序化的世界中,失衡是人生的一种常态,但你不必为此苦恼。只有在认识失衡之后,才能对付失衡。人生就是一个与这种失衡不断斗争的过程。"同样,对于一个组织而言,失衡也是一种常态,组织中总是会出现各种各样的失衡,一个有效的领导者首先应当是一个辨别失衡的高手,继而应当是一个解决失衡的高手,解决失衡的关键就在于对平衡技能的艺术化应用。就杂乱无章的失衡状态而言,一种简单的平衡技能是通过规范化使复杂无序的工作标准化、规范化、简单化,从而使普通员工可以完成原本无法完成的工作。

> 不管是人事失衡、权力失衡、理事失衡,还是利益分配失衡和人际失衡,所有这些事情都会搞得领导者头昏脑涨。**把握住天平的两端,调整好失衡的状态,这是一个领导者必须承担的责任。**

2. 找到实现平衡的基点

当面对主要矛盾与次要矛盾、合作与竞争、重点与非重点、矛盾的主要方面与次要方面的问题时,领导者必须高度重视,不能忽视任何一方的作用。对这类问题的处理就要采取相得益彰的平衡方法,领导者需要搭建一座桥梁,使得矛盾双方之间存在着一条相互贯通的桥梁,有对等的地位和作用,而且我中有你,你中有我,平衡就在桥梁上面。但是一旦处理失当,把握不住的话,容易出现一手长一手短、一手硬一手软、一手重一手轻等倾向,任何一方假如做出了不恰当的变动,就会改变问题的状态、性质和力量,从而使领导工作走向倾斜。因此,这些问题的处理还需要领导者连续不断地调整平衡，找到实现平衡的基点。平衡是一个动态的概念，而不是静态的，尽管每一个组织都存在不断地变化和运动，但系统的工作平衡是可以维持的。

◇ 把握好质、量、度

对于领导者来说，在进行平衡工作的时候，简单地肯定一切或否定一切都是不妥当的，优秀的领导者需要注意把握好问题处理的质、量、度。如何把握呢？

领导者在进行平衡的时候，要三思而行，首先要认清事情的性质——是对的，还是错的，或者是对错参半的。只有先弄清楚事情的真相，再去平衡，才能够避免把成绩看成问题，把正确看成错误的，把偶然差错看成是蓄意破坏，使得失衡更加严重。

其次还需要掌握平衡的"量"。例如，一个人事业的成功与否取决于他能否管理自己的长处，就好比企业经理运用人力、科技、资金和管理等资源，以达到确定成果一样。一个领导者要达到预定的事业目标，同样有一个如何有效运用自己的一切长处的问题。但是，对于长处的过分运用就会使得长处演化成旁人看来的缺点。领导者还需要把握为人处事的量，面对员工的成绩做出实际的肯定和奖励，对于员工的缺点做出一定的批评和教育，不要过多地肯定或者否定，也不要太少地肯定或者否定，否则就会留下不平衡的"种子"。

任何事物都有一个"度"的问题，掌握不好，要么物极必反，要么欲速不达。领导者在面对各种失衡问题的时候，尤其需要把握好适度。不要对自身以及他人要求太过苛刻，过于追求完美；不要对于任何一项工作，都要求下属做得十分完满，不出一点差错，出了偏差就一味责怪；也没有必要无论巨细事必躬亲，否则只会花了时间和精力，却没把事办好。因为在日常工作中要求每项工作都做到既十分周全又非常完满是不太可能的。

◇ "扫天下"和"扫一屋"

由于受到周围条件的制约，领导者看问题、办事情常常可能自觉或不自觉地陷入"只见树木，不见森林"的误区，因为任何一个领导者都无法摆脱环境的限制，不管他多么优秀。如果没有长远的眼光和宏观的判断力，就容易在平衡的过程中迷失方向，而且很容易陷入被人左右的困境。只有居高临下，才能够清楚地认识事物的全貌和矛盾的各方面，才能驾驭问题与矛盾平衡点的走向。

> 领导者需要明白"不识庐山真面目，只缘身在此山中"的道理，如果自己站在本位的立场处理问题，往往会使得平衡的功效无法展开，换一个角度处理问题也许就能开创新局面。

问题总是"积小成大"，"积少成多"，问题的解决需要领导者具有敏锐的眼光和预见能力，在既定的组织目标下，从小处着手，抓好各种不利于平衡发展的环节。正如一代伟人毛泽东所说："一屋不扫，何以扫天下？"不要忽视一些小事，需要知道"千里之堤，溃于蚁穴"。有些事情虽然看起来是小事，但是由于它与总体目标的关系比较紧密，所以这件小事的成败往往关系到全局。聪明的领导者往往也关注一些小事情的处理，使得这些细微的东西不至于成为煽动风暴的蝴蝶翅膀。

3. 追求平衡的最佳态势

平衡是领导者追求的最优态势，唯有平衡，领导者才能够日理万机而胸有成竹；唯有平衡，领导者才能够决策千里而永不言败；唯有平衡，领导者才能够舒心工作，惬意生活！平衡可以帮助领导者完成从茧到蝶的蜕变，变成一个成功的领导者。

在目标和定位得到明确之后，处理组织平衡的关键就在于掌握人和过程之间微妙的平衡关系，这将是领导者永恒的话题。

平衡艺术也是一种人与人的相处之道，领导者可以通过激励、推动、协调等方式，借助于他人的力量实现自己的目标，完成组织的任务。

怎样实施平衡术呢？领导者面对错综复杂的世界，需要判断平衡的几个方面，并且从不同方面进行平衡。

一是要掌握人事平衡的艺术。比尔·盖茨曾经说过："在我的事业中，我不得不说我最好的经营决策是必须挑选人才。拥有一个你完全信任的人，一个可以委以重任的人，一个为你分担忧愁的人，一个具备一系列略微不同的技能而且其行为对你有所裨益的人，是十分重要的。"掌握人事平衡的艺术要学会认识自己的领导格局，分辨领导者职能；要学会选择合适的人员到适当的职位；要学会对组织成员采取管理控制和无为管理相结合的办法；要学会整合个体目标和集体目标。

二是要学会平衡权力。某香港企业一位董事长兼行政总监对接班人问题是这样看的："第1代、第2代及之后的经理，千万不要贪恋权力，应给充满活力的年轻人让位。"美国企业界认为企业家应具备的十大条件之一就是精于授权，能大权独揽，小权分散，抓住大事，把小事分给下属，别贪恋权力。

三是把握利益平衡。俗话说："有钱能使鬼推磨。"尽管这样的谚语俗气而易招致反感，但是保证适当的利益激励的确可以保证员工保持昂扬的工作士气，不过，如何使得在利益分配的时候，员工不至于心生怨言呢？关键是要使得利益的分配平衡化。对于股东而言，平衡的利益回报是股东进一步投资的"诱饵"；对于顾客而言，价格比的平衡是留住顾客心的永远流行的"招数"，采取小小的平衡手段往往会保证顾客的忠诚度。

四是要学会人际关系平衡。作为领导者，个人独立不代表成功，还需追求人际关系圆满。人际关系的成功是圆满人生的先决条件。成功的人际关系是平衡的人际关系，基础是自制与自知之明，人际关系不仅仅是技巧而更是本性。用银行储蓄账户即情感账户来比喻人际关系，那么诚实、信用能够增进情感存款，而威逼、失信等则会降低情感账户余额，甚至透支。无论是生活还是工作中，我们有很大部分的时间是用来与人沟通，而许多焦虑、内心不安都源于无效沟通，主要原因就在于人人都希望被了解，也急于表达，却常常疏于倾听或怠于倾听。有效地倾听不仅可以获取广博正确的信息，还有助于情感存款的增加。以上几个方面的平衡，将在下文中予以具体论述。

> 当你修养到能把握自己、享有内心的平静与抵御外界的力量并博采众议时，你无疑就掌握了平衡的艺术，晋升了领导艺术的阶梯，从而迈向成功的领导者行列。

三、在运动中把握平衡

任何组织内的矛盾都是由于不平衡引起的。问题一旦出现，为求得解决，矛盾着的各个方面总是希望把平衡点往有利于自己的方向"拉"，而使领导者很难把握住其中对双方都合理的平衡点。作为领导者，应把这种平衡点的争夺控制在有利于领导活动的范围内，让它向领导工作的目标靠拢，并与矛盾诸方达成共识。这样求出的平衡点，以及以此为依据进行平衡，才合乎解决问题的本意。

1. 平衡人事：使组织运转呈最佳状态

美国戴尔公司总裁戴尔曾经说过这样一段话："我一向尽量找最棒的人才到我身边工作，因为不管公司大小，一个领导人不可能事必躬亲；事实上，光靠一己之力也不太可能完成任何事。拥有愈多优秀人才，对于领导人和公司愈有好处。但我必须确保这些优秀人才在公司中保持一种彼此平衡的格局，这是我作为公司领袖的责任。唯有如此，才能让我的公司走向辉煌。"

戴尔的这番发自内心的话语，表明了一个组织人事平衡的重要性。那么如何选择人才，平衡人事格局呢？领导者需要明确以下几个看似简单的问题：

- 谁将要做些什么？
- 谁将要向谁汇报工作？他们之间是一种什么样的职权关系？
- 如何使得不同的员工和不同的活动联系起来？
- 如何通过分配任务和委派职权来确定上级和下属的关系？

此外，领导者还必须高度重视自己的人事职能，不可将这些东西作为事务性的琐碎小事完全撒手不管。事实上，许多企业和政府机构的领导者都对人事工作高度重视，包括对于员工的选择、录用、考评、储备、培养和其他一些工作，甚至亲自主持这些工作，从而确保人事平衡。

领导者需要关注的人事平衡要点主要包括以下6个方面。

◇ 智力结构的平衡性

甄别领导者所统辖的组织的智力结构。智力结构的合理与否对于一个组织的效能高低关系极大。这好比机器设计，性能好的机器必须有性能优良的零件。但是零件好并不一定等于机器就好，如何把各种类型的机器合理地组合成一部高效能的机器，就是机器设计者的根本任务。领导工作是一种高级的智力活动，领导者为自己所管辖的组织建立合理的人事智力结构，是这个组织能够兴旺发达以及领导者成功的关键之一。领导者不仅仅要寻求优秀的个体，还要使得集体形成一个最佳的人事组合。

◇ 年龄结构的平衡性

在一个组织当中应该有一定的以及合理的青年、中年和老年员工，这种年龄结构应该能够保证处于不断发展的动态平衡当中。只有平衡的年龄结构，才能使得员工按照自己的心理特征和智力水平，发挥各自的最优效能。

◇ 知识结构的平衡性

一个组织在人事格局安排上，还应该拥有不同知识结构和不同知识程度的人员，必须由各种管理人才和技术人才，以及初级、中级、高级知识水平的人，按照一定的比例构成一个完整的结构，并且根据组织团体的工作需要，能够不断予以调整。

◇ 人事考评结构的平衡性

人事考评是人事工作的一个关键环节，人事考评的项目、内容方面是平衡性以及考评公正性和公平性的保障。除了按照个人品质和工作特征对于员工进行评价以外，还可以按照目标的实现情况对于员工进行考评。评价现有职工以及管理人员的技术能力、人事能力、认识分析以及解决问题的能力和规划决策能力，对这些能力的考评要依据员工所在的位置、所承担的责任的不同而安排不同的结构组合。

◇ 员工培训的平衡性

任何一本关于人力资源管理的教材都会提供一系列员工培训的方法，但是更为重要的应该是这些培训的平衡性，也就是在各种培训方式的形式、时间、针对性、重要程度上尽可能合理。应当根据员工不同的能力水平采取集中授课、职务轮换、临时提升、委员会和初级董事会等多种培训形式的组合，采取长计划和短安排的时间和培训间隔的组合。

◇ 人事控制的平衡性

采取巧妙的控制方式，使得对组织成员的管理能够达到管理控制和无为而治的巧妙结合，确保组织成员既能够感受到领导者对自己的关注，又不至于产生受监视的反感；而且应该确保不同的组织成员这两种感受的程度应当有所不同，对人事格局外围的组织成员应当更多地赋予关注和关怀，对核心圈的组织成员则应当更多地让其感受到鞭策的压力。

> 不管如何，一个好的领导者必须注重人事平衡，只有实现了人事平衡，才能走过空中的钢丝桥，到达成功的彼岸。

2. 平衡权责：缔造均衡的权力世界

有多高的职务，就有多大的权力，就承担多大的责任。

因此，职、权、责一致是领导工作的一个重要原则。只有职、权、责相统一，真正克服有责无职无权、有职有权无责、有职无权无责、无职无责有权等现象，才能够缔造一个平衡的权力世界。

那么，如何使得权力和责任能够均衡呢？

◇ 明确职责范围

明确职责范围，不能仅停留在行政规定上，甚至把文件贴在墙上，而要研究出若干办法，制定实施细则，根据已有的经验，定位、定人、定责、定标、定权。除规定常规决策、指挥、组织、管理等工作的分工外，还要明确可能出现的非常规问题由谁负责处理。

> 领导下放权力时必须要向被授权者明确授权事项的目标和范围，明确被授权者的权力和相应承担的义务及责任。防止出现有问题和临时发生的事情谁都可以管，谁不管都行的含糊不清的现象。

◇ 平衡职权与职责

职责是指实施分派任务的责任。当委派职权给下属人员时，必须同时给他委派职责。那么，下属人员的职责就是实施指派给他的责任和同他的职位相符的职能。

领导者在分配权力的时候平衡下属的职权与职责很重要。也就是说领导者需要有效地委派和授予下属人员职权，与此同时，必须相应确定对方的职责。领导者应该认识到委派职权的需要，并且在委派职权的时候应该留有充分的余地，以便于下属可以完成指定的职责。

制定任务不赋予责任，而只有权力，那么就会使得员工不履行责任，完不成任务，就是不负责任。如果领导者只是让员工承担责任，而没有相应的权力，那么他们就无法负责指定的任务，无法负责就无法完成。所以领导者在授权的同时必须保证被授权者的权力与责任相一致，让他们承担相应平衡的责任，即有多大的权力就应担负多大的责任，做到权责统一。通常，你愿意分配出去的权力，和你分配出去的责任是相当的，没有责任，就没有权力；担负全部的责任，就得享有全部的权力。

上下属的领导工作，正职副职的工作，特别是基层领导与其下属的工作，有些不是那么泾渭分明的，这就更要明确职责范围，各司其职，各持其权，各负其责。

虽然，很多领导者都认为平衡下属的职权与职责是正当并且重要的，但是在实际上，他们常常违背这个原则，在授予下属权力与职责的时候，往往对他们的责任要求远远大于赋予他们的权力。对此，领导者需要注意。一般来说，有以下原因可以导致这种情况的发生。

首先，一些下属具有一定的管理职责，但是他们却极少同时拥有一些权力以切实完成自己的工作。例如，虽然一个负责销售的工程技术人员不能强迫顾客来购买商品，但是，他仍然对自己销售区域内的销售工作负有责任。所以，和他的工作任务相比，他被授予的职权可能就比较小。其次，也有一些管理人员极少有或根本没有权力去指导人们的行动。比较常见的情况就是发生一些越权行为。例如，上级直接要求中层管理人员的下属提供信息，这样就使得中层管理人员部分职权被剥夺，而只剩下职责需要履行，从而造成职权的职责的失衡。

在了解了造成职权和职责失衡的原因之后，领导者就需要思考自己的平衡艺术是否成熟，对失衡的情况给以及时的纠正。

3. 平衡利益：让动力之源永不枯竭

利益是组织运转的目标和动力。利益分配的失衡，会使激励失去作用，使组织的各种关系紧张、失衡，最终使组织分崩离析。只有平衡分配利益，才可以使动力之源永不枯竭。

◇ 股东投资与收益的平衡

股东投资的目的就是为了赚取利润，而利润的赚取需要领导者的管理。虽然利润的多少是由组织的市场竞争力决定的，不以领导者的主观意愿为转移，但是利润的分配往往影响领导者的地位。无论是业主、员工，还是既定利益集团，每一位股东都有着自己的地位，领导者必须本着诚实和正直的态度对待他们，给他们充分的尊重。最佳的方式就是寻求一种途径使得外围利益和核心利益完美结合。

要想做好这个"平衡"，高级管理层特别是 CEO 要平衡地分配他们的精力和时间，和股东进行经常的沟通。领导者要注意协调好公司长远发展与现有股东利益的冲突。对于公司的重要战略或者投资计划，领导者要和股东进行协商。大部分领导者与投资者和股东的沟通显得不足，这是领导者需要注意的，不要因为把大部分时间都放在客户和员工的身上，而忽视了和那些对自己有着生杀大权的股东进行交流的重要性。

其次，领导者应该将股东的利益看作是高于一切的。曾被美国《首席执行官》月刊评为"2001年度最佳 CEO"的花旗集团 CEO 桑迪·韦尔之所以能够在企业丑闻席卷整个美国的情况下，名字却仍然响亮的一个重要原因就是他一直将股东的利益看作是高于一切的。桑迪·韦尔被华尔街称为"并购天才",他总是大量购买自己公司的股票,以保证自己能够站在其他股东的角度上看一些问题。桑迪·韦尔认为,为了使得员工能够努力提高公司的利润,必须规定不能够卖掉公司分配的股票,于是他为集团内部的高级管理人员建立了严厉的规则,这个规定要求他们在获得公司所赠予的股票和股票期权后,其中75%的股份无论何时都不得参与买卖,直到他们退休。桑迪·韦尔始终坚持这样一个观点,就是认为管理方必须与股东一样有许多"既得"权利,这样才能够跟他们一起同呼吸、共命运。他用这样的规则保证了公司管理层和股东之间着眼长远的共同投资利益关系。

◇ 下属付出与获得收益的均衡

领导者必须让员工的利益体系正常运转,这样才能保证企业能够正常运转。

如果领导者在管理企业的时候,能够使得员工的需要得到均衡的满足,就可以极大地发挥员工的工作积极性。世界上很多著名的企业家都是这样做的,例如著名企业家松下幸之助的公司,就经常为其员工举办圣诞节及成年日的赠礼活动,采取"员工持有股"的奖励制度,展开大规模的员工福利措施。公司还兴建员工住宅、宿舍,成立保健中心等。这些措施使得员工在付出的同时,获得极大的心理满足,进而萌发努力工作的信念。

> 平衡员工的利益体系,这说起来容易,做起来难,领导者应该从点滴做起,有步骤、有目的地促使员工所得和付出的平衡。

4. 平衡人际关系:营造良好的人际氛围

许多高层管理者失败的原因,往往就是缺乏人际关系技能,无法达到人际关系的平衡。那么什么是人际关系平衡呢?

所谓人际关系达到平衡,其实是指交往双方的需要的满足程度以及人际吸引的程度达到平衡。换句话说,就是甲对乙的需求和吸引等于乙对甲

的需要和吸引。人际关系平衡又可以分为自觉平衡、主动平衡以及消极平衡三种类型。

人际关系是否平衡，对领导者和员工的工作效率有直接的影响。任何一项工作的完成都离不开领导者以及下属工作人员的彼此协调合作，而领导者的人际关系情况如何与团队组织工作人员协作程度休戚相关。如果领导者和工作人员的人际关系平衡并且协调，那么在工作的时候就能够相互理解和支持，下属员工以及同事工作的主动性和协作性就强，工作效率就高。相反，如果领导者的人际关系失衡，比如由于人际关系紧张，造成领导者和同事之间以及下属之间心存芥蒂，谣言四起，就很难实现彼此间的合作与配合，从而影响工作效率，甚至还会影响工作目标的实现。

领导者的人际关系是否平衡，对团队组织能否形成凝聚力具有重要的作用。组织凝聚力指组织对工作人员、领导对工作人员以及工作人员之间的相互吸引力。人际关系协调是提高组织凝聚力的基础，因为工作人员只有彼此相互信任、相互谅解，才能够提高团队组织的凝聚力。相反，如果凝聚力被削弱，那么，整个组织人心涣散，工作人员的工作积极性也将难以调动起来。

平衡的人际关系是领导者事业成功的基础。一个人成功的要素很多，但交际是重要的前提条件。经营人生或经营事业都是在经营人际关系，没有良好的人际关系，一个人不可能取得巨大的成就。想要成为一个成功的领导者，就要懂得经营事业就是经营人际关系的道理。成功是靠组织作战而不是靠个人奋斗。卡耐基成功公式：成功＝85％交际能力＋15％专业能力，就是说人气是事业的保证，有人则有事业；没有人则难成大业。这也说明成功意味着别人的参与，如果你把事业看成自己的，则你的事业将不会再有发展。

平衡的人际关系是领导者身体健康的基础。领导者处于协调、健康、平衡的人际关系之中，就会心情舒畅，工作愉快；反之，则经常处于精神焦虑、神经紧张或心情压抑的状态，会影响工作效率，也不利身体健康。

如何掌握人和人之间微妙的平衡关系将是领导者们永恒的话题。对于

领导者来说,为了实现人际关系的平衡,以提高工作效率,就应该做到确立正确的人际理念,科学地运用言语方略,树立起良好的办公室人际形象。同时,正确地处理好与同事、领导、下属、职能部门以及系统外部的关系,不断改善办公室人际关系。

> 领导者应通过拓展训练、研讨会、实地考察、案例分析加强自身对不同文化环境的适应能力,进行文化敏感性训练;创造与组织目标相结合的一致的文化,实现人际平衡。

第九章
冲突化解术

　　组织内部关系的调整与完善并不是一帆风顺的,这是一个充满矛盾的过程,一个健全优良的内部关系的建立可以说是一个历经无数内部冲突的过程。
　　这里所讲的冲突,主要是指组织内人们在利益、意见、价值观及行为方式诸方面的不协调和相互之间发生的矛盾激化状态。通常,冲突的各方都认为自己与他人在某些方面格格不入。
　　在一个组织内,领导与上级、同级或下属的冲突并非罕见,而冲突也不一定就是坏事。关键是领导者要善于化解冲突,解决好冲突有利于提升领导者的影响力。

一、了解冲突，做到知己知彼

说到冲突，人们往往认为冲突是一种不好的行为，于是，将冲突与无理取闹、破坏、暴力等联系起来，甚至将冲突看作一个组织即将崩溃或管理失败的征兆，认为领导者应尽量避免冲突。这种看法在以往的领导实践中较为流行。但随着知识经济时代的到来和领导对象素质的提高，显然，领导者需要重新审视这种落后于时代发展的片面看法，更新观念，全面而正确地理解冲突。

1. 领导者以解决冲突为己任

当使用冲突一词时，人们通常指的是由于某种抵触或对立状况而感知到的不一致的差异。差异是否真实存在并没有关系，只要人们感觉到差异的存在，则冲突状态也就存在。另外，在此定义中还包含了极端的情况：一端是微妙、间接、高度控制的抵触状况；另一端则是明显、公开的活动，如罢工、骚乱和战争。

行为科学中的人际关系学派的观点认为，冲突必然而不可避免地存在：冲突不可能被消除，有时它甚至会为组织带来好处。自20世纪40年代末至70年代中期，人际关系学派的观点在冲突理论中占据统治地位。

冲突的负面影响，主要体现在以下几方面。

◇ **冲突会导致自私自利**

冲突中的部门或个人往往会把个人利益放在组织或其他人的利益之上。一家电子通讯公司的经理提供了这样一个例子："我们有几位经理努力争取继续他们的项目，尽管他们心里知道那个项目是失败的，他们也知道公司把那部分资金投在能赢利的项目上最好，但是经理们还是坚持这样做，因为他们不想失去项目负责人的地位。"

◇ **冲突会消耗时间和精力**

冲突中的人往往会把时间和精力用在冲突上，而不去处理公司的实质性问题。这种情况并不少见，即冲突中的两名经理花时间互发电子邮件证明对方在某次争论中错了，每一封邮件都会引起聪明的反击，有时邮件发送单上还包括其他与争论没有直接关系的人员，收到邮件的局外人常常感觉是不得已而发送邮件发表自己的看法，结果浪费了更多的时间。

◇ **长期的冲突有害健康**

很多人由于公司内激烈的冲突得了一种与压力有关的疾病。美国俄亥俄州的某公司的一名生产主管在工作现场心脏病发作，当时他正与老板就更换机器的必要性进行争论，这位主管可能在家里也有压力，工作上的争吵使他过于紧张，导致发病。

2. 冲突也绝非完全是坏事

在过去，组织的一个重要作用就是保持一致性、稳定性，以及组织内部的和谐。但是进入21世纪后，在复杂多变的环境面前，如果仍然死守保持稳定和谐的做法，无异于自阻其路。相反，有效的领导者会将冲突与竞争引进组织的各个结构部分，但是这样一来，内部冲突在组织中司空见惯，这对组织和它的领导者意义何在呢？

简单地说，**冲突管理将成为一项重要的组织能力**。当今世界有名的大企业之一的英特尔公司，就因其创造性的内部冲突管理而享有盛名。这种能力在今天似乎还有争议，但在不远的将来就会成为组织应具备的标准能力之一。未来的成功组织需要发展适应、解决冲突的程序、文化和行为，它将会使消费者受益并增强组织的竞争力。

在进行冲突管理时，重要的是要先正确区分良性冲突与恶性冲突。良性冲突是建设性的，其主要特点是：双方关心组织共同目标的实现；乐于了解对方的观点和意见；大家以争论问题为中心；冲突中，注重互相交换情况。恶性冲突则是破坏性的，它表现为：不愿意听取对方的观点和意见；双方的争论常转变为人身攻击；大家最关心的是冲突的胜负；冲突中，双方的情况交换减少甚至完全停止。但恶性冲突与良性冲突的划分不是绝对的，两者往往有交叉，可以相互转化。如果管理者处理得当，恶性冲突可以转化为良性冲突；反之，良性冲突也会演变为恶性冲突。所以，领导者必须设法将恶性冲突转化为良性冲突，在此基础上发挥良性冲突促进管理的积极作用。

美国管理学教授巴达维就指出："倘若双方或多方对某些目标、价值或行为的看法不一致，相互排斥，便会产生冲突。"人际关系在组织中是不会消失的，只要人是组织的参与者，那么冲突也会"参与"到组织的冲突中来。人们的责任似乎就在于在制造问题的同时解决问题。

有人说，人际冲突是破坏性的，没有冲突当然比有冲突要好。这是一种良好的愿望，但也是不现实的，因为冲突本身就是人际关系的一种现实形态，是一种人们不得不面对的客观存在。大哲学家黑格尔曾说过："凡是现实的都是合理的。"要承认冲突是合理的，并以建设性的态度去处理。

> 在组织中的冲突并非都是破坏性的和消极的，虽然以个人情感为基础的人际冲突在很大程度上是消极的，但基于工作的某些冲突却可以帮助领导者发现组织中存在的隐患或是解决问题的途径。

哈佛大学商学院的里奥娜德教授和管理咨询家施特劳斯女士曾在《哈佛商业评论》上撰文指出，从生物学、心理学和认识论角度出发，企业应建立带有建设性冲突的企业文化。他们认为，一家企业如果同时具有理智型和感性型、逻辑型和独特型、社会型和对立型等不同性格的管理人员，将形成多元企业文化。当市场环境发生重大变化时，这样的企业文化无疑将释放出无限的智慧和生命力。这个论断并不是理论推断，而是他们从众多企业成败的实践中得出的经验。

近年来，愈来愈多的领导者已清醒地认识到，冲突并非都是坏事。相反，表面团结和谐的组织氛围未必能带来好的经济效益，而某些建设性冲突的存在，却可能激励员工的积极性和创造性，利于组织的健康发展。

3. 冲突产生的多重原因

产生冲突的原因是多方面的。组织中的人际关系冲突是很难量化的，但一般说来，包括以下几方面内容：

- 关于对报酬、待遇、权力、地位和作用等问题的认识；
- 对政策、交流、职责、职务和人员关系程度的误解；
- 个性因素。

具体而言，产生冲突的原因包括以下几点。

①组织内权力地位的争斗。这似乎是人类永远摆脱不了的冲突，也是人类许多灾难的祸根。当一个职位低的雇员认为其上级的能力并不比他强时，就很可能不服气，与之明争暗斗，最终引发冲突（这种情况多发生于管理层）。

②职责范围不明，责任归属不清。由于授予雇员的工作模糊不清或是职责范围重叠，雇员之间很容易或是争夺权力，或是推诿失误，从而引发冲突。

③工作流动信息的传递受阻或谬误也会产生冲突，特别是谣言容易引起强烈的情绪反应，这种冲突通常具有很大破坏性。

④人们对问题看法上的分歧、价值观的不同和态度上的差异会导致工作结果不同，影响各人利益的获得，从而引发冲突。

⑤人们有表现自己、实现自己价值的愿望，总希望自己在组织内有所作为，于是各自发表意见展示自己才能，并希望这些意见为别人所接受。这也是冲突的来源。

⑥情绪的影响也会引发冲突。情绪是很微妙的，但它的变化足以使组织平静的生活起不小的波澜。

从以上导致冲突的可能性来说，有如下量变情况：

- 人员知识差异越大，发生冲突的可能性越大；
- 经理奖惩的权力越小，发生冲突的可能性越大；
- 成员对组织目标了解越少，冲突越易发生；
- 成员交流含糊不清，冲突越易发生；

- 成员与组织目标越不一致，冲突发生的可能性越大。

二、化解冲突，建设和谐的组织

凡大型水库在每年的汛期都要开闸放水冲沙，如不及时开闸放水，就可能导致溃坝。同样地，好的领导者必须运用他的权威和影响力及时并合理地处理组织中的冲突，消除冲突带来的影响，组建一个高效能的组织。

1. 把冲突消灭在萌芽状态

组织冲突主要是指人们在利益、意见、态度及行为方式诸方面不协调时，相互之间发生的矛盾激化状态。这些冲突给正常的组织秩序造成不同程度的危害，对目标的实现起着负效应影响。

在工作中有效防止和解决冲突，就要抓准矛盾焦点。无论是个人还是群体之间，当冲突尚未发生之时，某一矛盾积累的问题，成为双方关注、争执、互不相让的焦点，如政治方面的某个观点，切身利益的具体项目，道德方面的某一行为倾向，情感方面的隔阂等。如双方继续在某个焦点上积累矛盾，发展到一定程度，就会围绕这一点形成冲突。

> 社会学家认为，一个群体间的矛盾就像是一个大气球，必然是越积越大。因此，必须在气球达到爆炸的极限前，先释放一些气，避免矛盾的激化，也就不至于形成冲突。

当员工普遍就所关心的问题产生了较偏激的反应时，就会形成一种特殊的心理，这种心理的突出特点就是情绪色彩浓厚，相互传染快。这些情绪色彩显现在外，就是对有关领导产生较强烈的对立情绪，特别是当一部分人的要求得不到满足时，这一特点就更加明显。领导如不及时加以疏导，这种对立情绪就会恶化并引发冲突。对此领导必须从理顺情绪入手，疏通宣泄渠道。

从现实生活中的许多具体冲突事例可以看出，矛盾不断激化的一个重要原因，是下属不满意的地方太多，又被压着不能讲，问题长期得不到解决，就像高压锅一样，持续高温又没有出气的地方，到一定程度非爆炸不可。

当然，矛盾和冲突发生后领导要果断处置，迅速控制事态，最大限度地减少冲突导致的消极影响和破坏。对性质比较严重，事态可能扩大的冲突，要快刀斩乱麻。在情况不明、是非不清而又矛盾激化在即的时刻，先暂时"冷却""降温"，避免事态扩大，然后通过细致的工作和有效的策略适时予以解决。只要掌握了解决矛盾的主动权，任何矛盾和困难都是可以解决的。

作为一个领导集体，其领导成员之间不可能时时事事意见一致，更不可能彼此之间没一点看法，群众对班子成员的意见和言论也是在所难免。这些意见和议论会通过各种渠道传入主要领导耳中。

对这些传言，特别是班子中一个成员对另一成员的看法，一般应先行隔阻，不能贸然将意见全盘托给被反映的另一成员，而应当经过一些侧面观察或调查再酌情处理。不作隔阻、急于沟通，只会增加成员的间接隔阂，或者增加被反映者不必要的心理压力。

班子成员生活在社会上，不可避免地会存在家庭矛盾、邻里矛盾、社会矛盾，人们遇到此类矛盾或受到委屈，有时出于依赖心理，会向主要领导吐露一点情况，纯属私人事务。作为主要领导应真诚地帮助其化解矛盾，提出建议，切不可到处张扬，也不可在其他班子成员之间散布，否则会伤害班子成员的感情和形象，隔阻反而有利于工作和团结。

主要领导有时会提前根据确定的议题，提请各成员独立思考，以便集思广益，使决策更加符合实际。在酝酿阶段，一些成员要与主要领导交换意见，沟通思想，由于角度不同，有些意见会涉及其他成员职权范围之内的工作，对于此类意见和建议，应先在主要领导与提出建议的成员之间探讨，而不宜不加分析地直接向其他成员传播，以免由于职权划分问题引起成员间的纠纷或意见。

2. 妥善处理组织内部的争端

领导者必须是一个有涵养的人。领导者首先要有宽广的心胸，善于求同存异，虚心听取各种不同的意见和建议，不要总是对一些细枝末节斤斤计较，更不要对一些陈年旧账念念不忘，领导者的一言一行，都可以成为属下在意的对象。

处变而不惊，以不变应万变，以宽容对待狭隘，以礼貌谦恭对待冷嘲热讽。不将心思牵于一事一物，不将一丝哀怨气恼常挂在心头，这是一个领导者理应具备的容人雅量。

古语说："宰相肚里能撑船。"对于现代人来说，领导者的肚子里要能跑开火车才行。对于具有不同脾气、不同嗜好、不同优缺点的人，要学会去凝聚他们，这样才能妥善处理组织内争端。

如果下属看不起你，不尊重你，并且还和你闹过别扭，甚至你吃过他的亏，上过他的当，领导者仍要把握好自己的心态去团结他。

有时候领导者遇事让下属三分，未尝不是为自己今后的工作做好一个铺垫。

> 世上的事情，的确有很丑陋罪恶的一面，如果把这一切看得虚一些，轻一些，把世间万物看得明朗、美丽一些，未尝不是一件好事。

所谓"冤家宜解不宜结"，心胸开阔如海洋，涵养深广如潭水，试着与有嫌隙恩怨的人从容地打一打交道，体谅和理解别人的难处，经常这样做，你会感到受益无穷。

一团和气盈于胸怀，心中无一丝怨仇嗔怒，你会感到前途一片光明，什么事情处理起来也会得心应手，迎刃而解。

也许有时候，下属当着众人顶撞了你，或故意侮辱了你，你该怎么办？你会利用自己做领导的权威，寻找一个不是，借机惩罚他呢？还是会找个时间，约他聊聊天，谈谈心，彼此沟通沟通，化解一下矛盾呢？

领导者都不愿下属间发生任何争端。不善于处理争端的领导者遇到下属之间稍有异议时，就皱眉说："你们在一起工作，像这种小问题都无法获得一致的见解，你反对我，我反对你，这怎么行呢？"同样，这种领导者也不喜欢下属反对他的意见。如果恰巧有四五种不同的看法同时提出来,他往往会觉得焦头烂额,不知所措。最冷静的办法也不过是说:"今天有许多很好的意见被提出来了,因为时间关系,会议暂时就到此为止吧。以后再找机会大家好好讨论。"想尽办法要追求他心目中的"人和"。

这种害怕反对意见的领导忘记了一件最重要的事,那就是,一致的意见不见得就是最好的。

假如下属对领导者的方案没有异议,并不能证明此项提案就是完美无缺的,也许下属只是不好意思当面批评领导者而已。这时做领导的切不可沾沾自喜,应该尽量鼓励下属发表不同意见。

要注意的是:当领导者在下属的不同意见中选择一种来用时,切记不要伤害未被选用意见的人的自尊心。首先应该肯定他的辛苦是有价值的,其次要以最委婉的方式说明不采用意见的原因。不要让持不同意见的下属有胜利者和失败者的感觉,不要让他们之间产生隔阂和敌意。

若妥善处理好这些问题,反对之声不仅不是领导者的祸水,或许还是领导者的福音。

3. 抑制领导层内部冲突的方法

以下6种方法可以有效地抑制领导层内部的矛盾冲突,即:**以冷制热法、黄牌警告法、彼此退让法、坦诚中和法、自我补偿法和抑相制将法**。

◇ **以冷制热法**

当矛盾激化,而问题又一时不好解决的情况下,冲突双方要能理智地控制自己,冷静地思考;主要领导者要设法"冷却降温",而后再"釜底抽薪"。这种方法的核心是制怒。

◇ **黄牌警告法**

对冲突不止的双方,在批评教育、晓明大义的基础上,采取一定的行政手段和组织措施,如民主"会诊"、责令检查和"最后通牒"等出示黄牌警告的方法。

◇ **彼此退让法**

领导者发现自己在冲突中处于理亏地步时,应该有正视错误的勇气,然而在冲突之中主动退让是很难的，特别是职务相当的领导干部之间。这时就需要领导集体或威望高的领导者出面调解，迫使冲突双方各自退让一步，达成彼此可以接受的协议。采取此法，关键是把握好适度点。一是看冲突双方的"调子"高低，分析双方的起初意图；二是视冲突的事实和抑制冲突的气氛对双方心理的影响程度，分别向他们提出降低"调子"的初步意见；三是在冲突双方或一方暂不接受调解意见的僵持阶段，可以采取欲擒故纵的临时措施，明松暗紧施加压力，促其早转弯子。

◇ **坦诚中和法**

当领导成员之间的意见或主张利弊并存时，往往会产生争执或冲突，双方都应明确认识到自己或对方的主张存在的利弊，诚心诚意地部分或全部收回原来的意见或主张，最后形成的决定要集中大家的长处，体现集体的智慧，使冲突变成积极的有利因素。

◇ **自我补偿法**

领导的个人意见被领导集体否定后，领导者为了缓和心理冲突，可以改变原有的意见和主张，提出新的认识和可能被大家接受的意见或主张来补偿。领导集体则应慎重考虑这种新的意见和主张，尽可能使领导者与领导集体取得一致性意见。

◇ **抑相制将法**

为避免冲突恶化，主要领导者在调解过程中，可对其中一方高标准、严要求，让其充当顾大局的"蔺相如"，以其宽容大度的高姿态，来感化"廉颇"，使他幡然悔悟，知错改错，实现"将相和"。但这样做应有先决条件，即一方思想觉悟较高，一经点拨便能识大体、顾大局，调解者可以对其施加压力影响；而另一方也要是能屈能伸的"大丈夫"——虽倔强、刻板，甚至有恃无恐，但只要"惊回首"，便有负荆请罪的勇气。

4. 正确化解与副手的矛盾

正职与几名副职构成领导班子的核心。正确处理好正副职之间的关系，对于领导核心的团结与稳定，提高领导班子战斗力，建立良好的工作秩序，对一个单位的发展至关重要。

正职与副职之间的矛盾是客观存在的。如何正确处理好正副职间的矛盾，协调好关系呢？

◇ 要尽可能较全面了解副手

正职对副手们的思想、能力、品德、专长、爱好、性格、家庭、经历等各方面的情况都要比较熟悉。这样当问题发生，矛盾出现的时候，才有可能对副手应负的责任做出准确的判断。

◇ 及时与副手交流思想

正职对工作有什么新的想法，想干什么，在下面听到什么反映，只要不是属于不该公开的话，都应及时地向副手说出来。是自己的想法，与他们进行讨论；是群众的意见，与副手进行交流；看到某人有什么缺点，及时帮助指出以引起注意。正职和副手经常交流思想，有助于加深彼此之间的感情。

◇ 要求副手树立整体观念

在与副手研究工作时，要经常提醒副手树立全局观念和系统观点。一个地区、一个部门、一个单位就是一个系统、一个整体。系统内各要素之间，各部门之间，关系错综复杂，相互关联，相互牵制，只有把每一个局部都放到全局中来考虑，才能走活一盘棋，取得较好的整体效益。

◇ 不在背后对副手说长论短

人各有缺点，下属和群众对副手难免说三道四。正职对于群众的议论需要加以引导，但不能下令禁止。如有人在正职面前议论某副手的短处，正职千万不能随声附和，自己更不能带头议论，否则，副手便无法开展工作。即使下属和群众的意见是正确的，也只能先耐心听取，然后通过与副手本人交换意见后再予答复。

> 对于副手的缺点和不足，身为正职的领导者要和他们当面交谈，在下属和群众的面前则应多讲他们的长处。

◇ 坚持原则，不徇私情

对于副手之间的矛盾，正职要敢于正视，分清是非，秉公处理。既不能遇到矛盾绕道走，睁只眼，闭只眼，装作不知道，也不能各打五十大板。那样做从表面看来，好像谁也不得罪，其实由于"和稀泥"弄得是非不清，责任不明，人家口不说而心不服，矛盾也并未解决。

◇ 闻过则喜，有错就改

正职如果没有"闻过则喜"的精神，而是"闻过即怒"，就难以协调好同副手之间的关系。只有"闻过则喜"，下属和群众才敢亲近你，愿意向你倾吐肺腑之言；你才能心明眼亮，看到自己的不足，谦虚待人，摆正自己与副手的位置；才能在与副手发生矛盾时，客观地估计自己应当承担的责任，使副手心悦诚服。

◇ 谦虚谨慎，虚心求教

正职应该在业务、思想等方面有比较全面的修养。可是再能干的领导者也不可能是"十项全能"，总有不懂的东西。正职如果在工作中碰到不懂的问题，能抱着"知之为知之，不知为不知"的态度，一开始就向副手们声明："我不懂，请你们拿出意见和办法。"这样做，比明知自己不懂又不好意思说出来，让副手们去揣摩要好得多。

◇ 注意层次，分清主次

正职在整个领导集体中的作用是很重要的，但主次有时是相对的，全局上你是主，但在某一局部上你是次。集体领导、分工负责，各有各的职责范围。不能因为自己是正职，就什么都管。属于副手职权范围内的事情，就要授权让他们去办。如果干预过多，副手们可能产生误解，认为你不信任他，这样就会影响正副职之间的正常关系。

5. 运用沉默方式缓解矛盾

沉默对于一个领导者来说，是处理企业人际关系的智慧金诀。如果领导者能好好地运用，将收到意想不到的效果。

在领导者批评雇员时，适当的沉默可能起到"此时无声胜有声"的作用。通常来讲，当领导者批评他人时，那人一定情绪相当激动。他也许不但不虚心接受意见，而且还会反唇相讥，使出浑身解数为自己开脱。这时最好就保持沉默吧，请相信，领导者的无言是对当事人的一种威慑。这既显示出了领导者宽广的胸怀与大度的品格，又使对方觉得自己始终是一个打破宁静的破坏者，他的态度也会就此改变。

作为领导者，你的沉默并非是对错误的迁就，而是在提醒对方，冷静才是解决问题之道。在无声的"战场"上，越是带有强烈的进攻情绪，越是会被周围的人判定为事端的挑起者。

沉默金诀是你的缓兵之计，也许你最不愿意看到的就是员工之间的内部争执。争执的结果是将和谐的人际关系搞得一团糟，谁还能安心专注于工作呢？而且，最终争执的双方为了寻求一个说法，也会将你——他们心中的权威者，拉入其中，让你做个公断。这是不是将你置入了一个非常尴尬的境地呢？

在没经过深思熟虑之前，即便已经感觉出了"公理"握在谁的手中，你也不能立刻就表明立场。因为问题双方已经争得面红耳赤，谁都不愿意轻易让步。如果你立即就指出错误的一方，那他会感到自尊心受挫，你的英明决断也会被他认为是你有意的偏袒。

适当保持沉默吧，在争执的双方失去了精神上的兴奋、精疲力竭之后，再发表你的意见。请记住头脑发热时人们只想向外发散能量，谁会再去接受你的只言片语呢？

> 领导者的沉默可以使矛盾趋于缓和，当人们争辩得不可开交的时候，看到身边有位静观的领导者，他们也许会后悔于"丑态百出"的激烈交锋吧？因此，领导者在处理冲突时千万不要忘了使用"沉默武器"。

6. 冷冻冲突，慢慢地处理

当下属之间出现矛盾时，处理这种矛盾是很显示领导水平的。处理得好，化干戈为玉帛，共同进步；处理不当，矛盾终会"白热化"，至此程度，领导工作也就很棘手了。

当下属间出现摩擦时，首先要保持镇静，不要因此风风火火，甚至火冒三丈，这样，领导者的情绪对矛盾双方无异于火上浇油。

不妨来个冷处理，不紧不慢之中，会给人以此事不在话下之感，人们会更相信你能公正处理。假如领导者自己先"一跳三尺"，处理起来显然不太合适，效果也不会很好。

双方因公事而产生矛盾时，"官司"打到领导者的跟前，这时领导者不能同时向两人问话，因为此时双方矛盾正处于顶峰，此时谈来，双方定会在领导者跟前又吵一顿，让领导者也卷入这场"战争"，双方可能由于谁最先说一句话而争论不休。这种细节的问题也委实难以证明谁是谁非。此时，不妨倒上两杯茶，请他们坐下喝完茶让他们先回去，然后分别接见。

单独接见时，请下属平心静气地把事情的始末讲述一遍，此时你最好不要插话，更不能妄加批评，要着重在淡化事情上下工夫。

事情往往是"公说公有理，婆说婆有理"，两个人所讲的当然会有出入，且都有道理，领导者在一些细节问题上也不必去证明谁说的对。但是非还是要由你断定，当你心中有数了，此时尽管黑白已明，也不要公开说谁是谁非，以免进一步影响两人的感情。假如领导者公开站在一方这边，显然这方觉得有了支持而气焰大涨，而另一方则会觉得领导者偏袒对方。

领导者不妨这么说："事情我已经清楚了，双方完全没有必要吵得这么凶，事情过去了就不要再提了，关键是你们要从大局出发，以后不计前嫌，精诚合作。"想必经过几天的冷静，双方都有所收敛，领导者这么一说，双方有了台阶下，互相道个歉，事情也就一了百了。

如果纯属私事，领导者也应该慎重处理，切不可袖手旁观，因为两人私事上的矛盾会直接影响到工作，也要分别召见两人，但要和处理公事不同。

对于他们之间的私事，领导者没有必要"明察秋毫"，判定谁是谁非，有许多私事是十分微妙的，看似简单，实则越处理事情越复杂，可能会扯进来很多旁人，事情越闹越大，定会影响公司的整体工作。

这时领导者不妨说:"我不想知道你们之间的那些事,但基于工作我要求你们通力合作,不容许工作受私事影响,希望你们清楚这一点。"

> 俗话说:"钓鱼不在急水滩。"选择风平浪静的地方,选择风和日丽的时间,才能有所收获。否则,不但可能于事无补,说不定自己还会被卷入漩涡。这一切必须牢记在心。

7. 处理反对意见的8种方式

领导者在处理反对意见时,可采用以下8种方式。

◇ 倾听法

利用倾听技巧,领导者可以不着痕迹地引导对方积极地采纳自己的意见,接纳自己的观点。

倾听并不困难。倾听的主要原则有4个。

①沉默是金。让对方畅所欲言,纵然你不同意他的观点,也不可急着想打断对方的话,一定得耐住性子听他全部说完。这样,领导者才能知道他抗拒自己的真正想法。

②认同回应。适时对对方的话表达你的认同,可以使对方很安心地说出真实感受,进而使对方能够和你一样平心静气,公平衡量争论事情的利弊,改善双方原本对立的关系。

③设身处地。真诚地从对方的角度去听出他话中的弦外之音。在设身处地为别人着想之前,先得放弃自己的成见。

④用心去听。去除来自你思想、情绪和感觉中所有的杂念,使自己完全专注于对方的言辞、动作和表情。如此,你的倾听必收事半功倍之效。

面部表现出尊敬、惊喜、欣赏等真实、自然的表情。这种倾听法很快就会变成你领导魅力的一部分,只要熟练地运用这种充满善意的倾听技巧,你将在处理反对意见时更能得心应手。

◇ 感受法

"先处理对方的心情",这种手法就叫作感受法。你可以向对方说:

"我能够体会你的立场。"或者说:"我可以了解你的感受。"这样对对方的观点表示心领神会,他就会产生疑惑将逝之感。如此,你就能在反对意见尽消的情况下,轻而易举地再进行组织管理了。

◇ **不理会法**

发觉对方提出的反对意见与正进行商谈的主题无关时,领导者可以运用不理会法,直接轻描淡写地带过,不必处理,立刻进行主题的叙述。

有一点要特别注意的是:要是对方重提老问题,就不可再等闲视之了。

◇ **反问法**

当对方反对意见不明确时,领导者可以运用反问法澄清和确认问题的内容,再进一步讲解。这个方法可以让反对者将他的见解、看法说得更具体、更详尽、更真实。

◇ **反弹法**

将对方的反对理由作为说明的理由,这是处理对方反对意见常用的和最有效果的方法。反弹法又称为"将计就计法"。

运用反弹法贵在借力使力,把攻守形势扭转过来。在陈述说理时,领导者应当避免讥讽反驳,而须以婉转缓和的语态来表达,才不至于弄巧成拙,丧失良机。

◇ **比较法**

使用比较法说服对方,领导者可以运用下列"富兰克林平衡表"来进行比较给他看。在一张纸中央画一条线,左边写优点,右边写缺点,然后列出优点、缺点,领导者尽量写上全部的优点,并列下对方提出的缺点,只要优点胜过缺点,经常很快就能说服对方同意自己的观点。

◇ **承认法**

承认法又称"先是后非法"。先对对方的问题轻描淡写地同意,以维护他的自尊,然后再根据事实状况进行有力的解释。这种方法运用的机会相当的多,基本句型为:

- "是的……但……"
- "是的……然而……"
- "……除非……"

例如：对方说："这类的计划大同小异，好不到哪去。"

领导者说："你说得相当有道理。不少人刚开始时都有和你相同的看法。在我没了解之前，也是如此想法。但若再仔细深入比较一下，你就可以了解到……"

◇ 否定法

当对方所提及的反对意见显然与事实不符时，领导者可以用适当的口吻、诚恳的语气予以否认。

三、在组织内激发有益的冲突

大多数冲突无疑会妨碍目标的实现，但冲突有时也会引出好的结果，分歧会刺激组织做出某种改进。雇员可能对工作条件、管理政策、酬劳办法产生不满，提出批评意见。这样会促使管理部门对这些方面进行改进，争取更好地合作，更高的效率和更公平地承担实现目标的任务。一个高明的领导者，应当善于诱导和引发组织内的良性冲突，以使组织成员在激发活力中增强创造力。

1. 以良性冲突推动良性竞争

良性的冲突大多因正常的工作所引起的，这或许是对工作方法的争论，或许是对工作目标的不同想法，总之，这样的冲突越多，表明这个组织的成员对工作投入得越集中，越有活力。领导应当善于把握这种有益的冲突，从而更有效地驾驭全局，推动组织在竞争向上的良性氛围中健康发展。

雅虎公司在2001年网络低潮中未能逃脱劫难，其股票值从1000多亿美元跌至100亿美元以下。有管理学家认为，抛开大市不好等外部因素，雅虎在人力资源管理上缺乏容忍良性冲突的细胞，是造成其股价迅速滑落的重要原因之一。在雅虎公司，人力资源管理具有一种天然的、自傲的排他特征，因此，雅虎的管理者中缺乏不同声音、不同思路、不同背景的同事，也缺乏容许发表不同意见和开展争论的氛围。

尽管没有一个明确的方法来评估是否需要增加冲突，但以下十条会对评估有所帮助。如果领导者对其中的一个或多个问题的回答是肯定时，便表明需要激发冲突。

- 你是否被"点头称是的人"包围？
- 你的下属害怕向你承认自己的无知与疑问吗？
- 决策者是否过于偏重折中方案以至于忽略了价值观、长远目标或组织福利？
- 管理者是否认为，他们的最大乐趣是不惜代价维持组织单位中的和平与合作效果？
- 决策者是否过于注重不伤害他人的感情？
- 管理者是否认为在奖励方面，得众望比有能力和高绩效更重要？
- 管理者是否过分注重获得决策意见的一致？
- 员工是否对变革表现出异乎寻常的抵制？
- 是否缺乏新思想？
- 员工的离职率是否异常低？

2. 激活组织内的良性因子

组织内的良性的冲突是一种激发组织成员上进心和积极性的有益因子，作为领导者应当善于诱导和引发良性冲突，使组织在充满活力中不断发展。诱导和引发良性冲突有以下技巧。

◇ **鼓励冲突**

领导者要激发良性冲突，首先就要在组织中营造鼓励冲突的氛围，倡导良性冲突，引入相应机制。对敢于向现状挑战、倡议新观念、提出不同看法和进行独创思考的个体要予以大力奖励，如晋升、加薪等。对于冲突过程中出现的少数派意见和观点，管理者不能轻易批评、指责、嘲笑、讽刺和挖苦，而要冷静地分析，对引起冲突的原因进行深入思考与论证。一个组织如果没有冲突，会显得毫无生气。在工作中若冲突过少，领导者可以结合日常业务，制造建设性冲突，引导成员发现矛盾，通过冲突改进工作。

> 当组织内部产生良性冲突时，领导者要为冲突双方提供必要信息，让不同观点交锋，碰撞出新的思想火花，引导良性冲突深入展开。

◇ 运用沟通

良好的沟通是激发良性冲突最好的技巧。管理者要带头参与沟通，直接引发良性冲突。通用电气公司经常安排员工与高层领导对话。杰克·韦尔奇执掌通用电气时就经常参加这样的面对面沟通，与员工进行辩论，通过真诚的沟通直接诱发同员工的良性冲突，从而改进企业管理。在激发冲突时，管理者要特别注意运用非正式沟通来激发良性冲突。

◇ 引入竞争

这个技巧要求组织有意识地加大竞争力度，制造"鲶鱼效应"。冲突的重要诱因是竞争，一个没有内部竞争的组织想诱发良性冲突是不可能的。如果一个组织长期听不到不同声音和反对意见，管理者就有必要去挖掘和提升内部"鲶鱼型"员工，或通过外聘方式引进背景、价值观、态度或管理风格与当前成员不相同的个体，引导其直接与组织原有员工产生良性冲突。

◇ 变革组织

传统企业的组织结构，尤其是直线职能结构特别容易诱发破坏性冲突。这对于组织目标的实现非常不利。因此，应该进行组织变革，变金字塔式的传统控制组织为扁平化的网状组织。组织进行变革的总体趋势是减少管理层次、扩大管理幅度、广泛引入工作团队，实现组织结构的扁平化、网络化、虚拟化。新型企业组织结构讲求平等，重视沟通，利于良性冲突的产生，进而能够提升企业管理水平。

3. 创造一个良性的竞争氛围

在一个组织中肯定会存在竞争，没有竞争，组织就失去了活力。竞争分为良性竞争和恶性竞争，领导者的职责是要遏制下属之间的恶性竞争，积极引导下属之间的良性竞争，从而形成一种比多赶超，互相促进的机制。

领导者激励下属充满工作热情，必须努力创造一个良性竞争的氛围，让下属们在竞争中拼搏，在拼搏中竞争。如果有了这样一个风气，领导者就可以找到大幅度提升单位的工作效率的办法。

良性竞争对于一个组织或单位是有益处的，它能促进下属之间形成你追我赶的学习、工作气氛，大家都在积极思考如何提高自己的能力，如何掌握新技能，如何取得更大的成绩……这样下属的工作能力就会大大提高，大家的人际关系也会更好。

但也有些人却把羡慕别人的心情转化成了阴暗的嫉妒心理，他们想的是如何给别人脚下使绊，如何诬蔑能人……他们的办法，就是通过拖先进者的后腿，来让大家都扯平，以掩饰自己的无能。

这种行为会导致公司内部的恶性竞争。它会使单位内人心惶惶，下属相互之间戒心强烈，大家都提高警惕防止被别人算计。

在这样的组织里，大家相互拆台，工作不能顺利完成，谁也不敢出头，因为"出头的椽子会先烂"。人人都活得很累，组织的业绩也平平。

领导者一定要关心下属的心理变化，在单位内部采取措施防止恶性竞争，积极引导良性竞争。

一般来说，以下几种技巧常被用来引导下属的良性竞争。

①领导者要创造一套正确的业绩评估机制。要多从实际业绩着眼评价下属的能力，不能根据其他下属的意见或者是领导者自己好恶来评价下属的业绩。总之，评判的标准要尽量客观，少用主观标准。

②领导者要在单位内部建立一套公开的沟通体系。要让大家多接触，多交流，有话摆在明处讲，有意见当面提。

③领导者不能鼓励下属搞告密、揭发等小动作，不能让下属相互猜疑，不能听信个别人的一面之词。

④领导者要坚决惩罚那些为谋私利而不惜攻击同事，破坏单位正常工作的下属，要清除那些害群之马，整个单位才会安宁。

> 领导者必须从制度和实践两方面入手，遏制下属之间的恶性竞争，积极引导下属进行良性竞争，激发出大家的热情和干劲，让大家心往一处想，劲往一处使，将单位的工作越做越好！

第九章 冲突化解术